旅游公路发展报告

REPORT ON THE DEVELOPMENT OF TOURIST HIGHWAYS

中国公路学会旅游交通工作委员会 ◎ 编著

人民交通出版社

北 京

图书在版编目（CIP）数据

旅游公路发展报告 / 中国公路学会旅游交通工作委员会编著 .—北京：人民交通出版社股份有限公司，2024.12.—ISBN 978-7-114-19704-8

Ⅰ. U412

中国国家版本馆 CIP 数据核字第 20257LR795 号

Lüyou Gonglu Fazhan Baogao

书　　名：	旅游公路发展报告
著 作 者：	中国公路学会旅游交通工作委员会
责任编辑：	郭红蕊　单籽跃
责任校对：	卢　弦
责任印制：	张　凯
出版发行：	人民交通出版社
地　　址：	（100011）北京市朝阳区安定门外外馆斜街 3 号
网　　址：	http：//www.ccpcl.com.cn
销售电话：	（010）85285857
总 经 销：	人民交通出版社发行部
经　　销：	各地新华书店
印　　刷：	北京印匠彩色印刷有限公司
开　　本：	787×1092　1/16
印　　张：	9.75
字　　数：	84 千
版　　次：	2024 年 12 月　第 1 版
印　　次：	2024 年 12 月　第 1 次印刷
书　　号：	ISBN 978-7-114-19704-8
定　　价：	68.00 元

（有印刷、装订质量问题的图书，由本社负责调换）

《旅游公路发展报告》编委会

主　　任： 冯锡荣

副 主 任： 陈济丁　孙泽强　杨国峰　余　青　雷　承　周育峰
　　　　　　周喜龙

主　　编： 杨　星　刘传雷

副 主 编： 孟　强　李　磊　杨航卓　衷　平　张春伟　钟　琦

编　　委： 李冠杰　桂　斌　乔　木　于　阳　张巳煜　韩亚楠
　　　　　　岳福青　刘　星　范瀑媚　杨丹蕾　田　宇　周玉松
　　　　　　杨环宇　胡军发　冯　璇　兰　洲　刘小玲　熊　潇
　　　　　　宋雨静　曾松伟　程晓佳　杨　洋　崔　巍　张国栋
　　　　　　安　鹏　胡　雅　尚丽丽　韩　薇　杨　苗　张晨曦
　　　　　　周迎龙　马雨莎　那　然　甘其芳　张甜甜　王安宇
　　　　　　郭红蕊　杨俊英

参编单位： 中国公路学会旅游交通工作委员会
　　　　　　交通运输部规划研究院
　　　　　　交通运输部公路科学研究院
　　　　　　交通运输部科学研究院
　　　　　　中交资产管理有限公司
　　　　　　人民交通出版社
　　　　　　中交公路规划设计研究院有限公司
　　　　　　中路高科交通科技集团有限公司
　　　　　　招商局重庆交通科研设计院有限公司
　　　　　　中国旅游集团投资和资产管理有限公司
　　　　　　中国康辉旅游集团有限公司
　　　　　　丝路交旅出行服务研究院
　　　　　　甘肃省高速公路服务集团有限公司

前　言

交通运输业和旅游业均是国民经济的重要组成部分，两者有着紧密的内在联系。这是由交通运输业的基础性、先导性、战略性和服务性，以及旅游业作为国民经济战略性支柱产业的特点所决定的。

当前，我国正在加快建设交通强国和旅游强国，全面推动交通运输业和旅游业高质量发展。作为两个领域高质量发展的重要内容，交旅融合受到前所未有的重视，呈现蓬勃发展的态势。2017年7月，交通运输部、国家旅游局等六部门联合发布《关于促进交通运输与旅游融合发展的若干意见》。之后，在旅游公路示范工程、乡村旅游公路、美丽农村路建设等领域，交通运输与旅游等多部门合作大力推动旅游公路为代表的交旅融合高质量发展。2023年10月，文旅、交通等多部门联合公布第一批交通运输与旅游融合发展典型案例，其中有大量与旅游公路相关的案例。2024年1月，交通运输部办公厅与文化和旅游部办公厅联合印发《推进旅游公路高质量发展五年行动方案（2023—2027年）》。可以说，以旅游公路为代表的交旅融合蓬勃发展，交旅融合呈现出强大的内生动力和丰富的应用场景。当下，交旅融合已成为大众旅游时代满足居民多层次、个性化、品质化出行和旅游需求的战略选择。

随着交通运输与旅游深度融合，旅游公路正在实现由点对点运输的传统功能向催生旅游业、交通产业经济新业态的新功能转变。凭借着在整合区域资源，特别是撬动、融合文化资源和旅游资源等方面的显著优势，旅游公路成为提高公路出行服务质量、提升公路服务沿线地方发展能力的重要载体，也逐渐成为推进"四好农村路"高质量发展、扩大内需以及促进消费升级的重要途径。

全国诸多地方都将交旅融合作为实施交通强国、乡村振兴、共同富裕等国家战略的重要支点。据统计，18个省（区、市）及新疆生产建设兵团将交旅融合作为交通强国试点任务，十余个省（区、市）召开专题推进会和工作会予以大力推进。目前全国省级交旅融合顶层设计文件出台40余份，交旅融合重大项目陆续落地，各地交旅融合实践项目纷纷涌现。

在此过程中，各地积累了许多旅游公路发展的好经验、好模式、好做法，涌现出众多优秀的案例。当然，旅游公路高质量发展还面临着一些隐忧和突出问题，比如规划建设旅游公路的决策体系和依据尚不完善、学科体系尚显薄弱、商业策划和运营存在短板、以用户思维的服务意识有所欠缺、要素的瓶颈制约十分突出、品牌化进程尚需加快、评价和认定体系亟须健全等。

为了全面回顾我国旅游公路发展历程，系统总结各地旅游公路取得的成就和经验，分析旅游公路发展面临的机遇与挑战，梳理重点领域与关键趋势，中国公路学会旅游交通工作委员会组织交通运输部规划研究院、交通运输部公路科学研究院、交通运输部科学研究院、人民交通出版社、中交资产管理有限公司、中交公路规划设计研究院有限公司、中路高科交通科技集团有限公司、招商局重庆交通科研设计院有限公司、中国旅游集团投资和资产管理有限公司、中国康辉旅游集团有限公司、丝路交旅出行服务研究院、甘肃省高速公路服务集团有限公司等单位，开展《旅游公路发展报告》的编写工作。本报告共分为五章，分别探讨了旅游公路内涵与发展历程、旅游公路发展环境与成就、旅游公路发展机遇与挑战、未来旅游公路发展重点方向，并分析了近年来典型经验与案例。希望为各地旅游公路发展和交旅融合实践提供参考和借鉴，为社会各界了解旅游公路基本情况和发展趋势提供基础资料。同时，也希望能够起到抛砖引玉的作用，启发参与旅游公路发展的各方进行更多的思考和讨论，吸引多方力量给予旅游公路更多的关注和支持。

此外，本报告也希望通过梳理旅游公路发展的历史脉络和现实问题，为交旅融合和路衍经济产业的未来发展提供参考，并希望通过此次梳理，建立相应的渠道和体系，在本报告工作的基础上，衍生出更多专项的智库报告，以便进一步发挥中国公路学会旅游交通工作委员会的作用，为政府制定政策提供参考，为企业经营决策提供服务，更好地助力交旅融合和旅游公路高质量发展。

由于编写时间仓促，编写人员水平有限，书中不当之处在所难免，敬请读者指正。

中国公路学会旅游交通工作委员会
2024 年 8 月

目　录

第一章　旅游公路内涵及发展历程

一、旅游公路内涵 ……………………………………………………3

（一）旅游公路概念渊源 …………………………………………3

（二）旅游公路基本内涵与主要特征 ……………………………3

（三）旅游公路分类 ………………………………………………4

（四）旅游公路主要建设内容 ……………………………………5

二、旅游公路发展历程 ………………………………………………7

（一）通景公路阶段（1978—2004 年） ………………………8

（二）风景公路阶段（2004—2016 年） ………………………8

（三）融合发展阶段（2016 年至今） …………………………9

第二章　旅游公路发展环境及成就

一、旅游公路总体发展环境 …………………………………………12

（一）国外旅游公路发展环境 ……………………………………12

（二）国内旅游公路发展环境 ……………………………………18

二、我国旅游公路主要发展成就 ·· 21
（一）政策规划框架初步形成 ·· 21
（二）标准规范体系逐步完善 ·· 35
（三）工程项目具有丰富实践 ·· 41
（四）旅游公路推动成效初显 ·· 44

第三章　旅游公路发展机遇与挑战

一、旅游公路主要发展机遇 ·· 50
（一）国家发展新战略和新格局带来的发展机遇 ········· 50
（二）旅游行业新趋势和新需求带来的发展机遇 ········· 51
（三）交通行业新动能和新模式带来的发展机遇 ········· 53

二、旅游公路发展新模式 ·· 54
（一）"公路+旅游"的路域旅游开发模式 ················· 55
（二）"公路+服务设施"的旅游综合体开发模式 ········· 55
（三）公路旅游化发展模式 ·· 55

三、旅游公路发展面临挑战…………………………………………58
（一）政策协同不充分……………………………………………59
（二）机制要素不完善……………………………………………60
（三）技术创新供给不足…………………………………………61
（四）资源保障与管理运营制约突出……………………………62

第四章　未来旅游公路发展重点方向

一、建立部门联合协同推进工作机制……………………………70

二、开展国家级旅游公路分级评估认定…………………………71
（一）构建国家级旅游公路项目数据库…………………………71
（二）制定遴选与评估认定标准…………………………………71
（三）开展分级评估认定工作……………………………………71

三、完善旅游公路技术标准规范指引……………………………72
（一）加强标准规范的理论研究…………………………………72
（二）制定旅游公路相关标准体系………………………………72

（三）加强不同行业间标准规范制定的合作……………………72

（四）力争高层次标准在重点领域的突破……………………73

四、做好旅游公路品牌及产品开发、营销与推广……………73

（一）旅游公路品牌及产品开发…………………………………73

（二）旅游公路品牌及产品营销与推广…………………………76

五、构建旅游公路建管养运长效机制……………………………77

（一）强化旅游公路建管养运全过程的旅游产品思维意识……77

（二）坚持旅游公路建运并重、管养结合，激活长效管理内动力…77

（三）探索旅游公路建管养运全过程的公共治理体系…………78

六、做好旅游公路发展关键要素保障工作………………………79

（一）创新融资模式………………………………………………79

（二）灵活土地供给………………………………………………80

（三）提供人才支撑………………………………………………81

第五章 典型经验与案例分析

一、规划设计方面···84
（一）制定省市级交旅融合相关规划·······························84
（二）在前期阶段进行总体策划······································88
（三）合理确定旅游公路功能定位与特色主题··················91
（四）因地制宜设置旅游公路服务设施·····························93

二、实施建设方面···98
（一）遵循保护优先，坚持改善并重，注重绿色施工···········99
（二）强调动态设计与施工密切结合······························101
（三）以简为美，大大降低建设与管养成本·····················103
（四）因地制宜，顺势而为，有效利用沿线资源················104
（五）融合创新，积极推进周边产业联动发展···················108

三、运营管理方面···110
（一）搭建智慧公路数字化管理平台······························110
（二）强化产业联动，激活旅游生态链····························111

（三）丰富旅游公路经营业态，尝试多模式运营⋯⋯⋯⋯⋯⋯112
（四）注重文化挖掘，助力产业发展⋯⋯⋯⋯⋯⋯⋯⋯⋯⋯112
（五）健全管理制度体系，强化道路生态维护⋯⋯⋯⋯⋯⋯113
（六）数据驱动，提升运营效益⋯⋯⋯⋯⋯⋯⋯⋯⋯⋯⋯⋯113

四、品牌打造方面⋯⋯⋯⋯⋯⋯⋯⋯⋯⋯⋯⋯⋯⋯⋯⋯⋯⋯⋯117
（一）提炼自然与文化元素⋯⋯⋯⋯⋯⋯⋯⋯⋯⋯⋯⋯⋯⋯117
（二）设计形象主题与Logo⋯⋯⋯⋯⋯⋯⋯⋯⋯⋯⋯⋯⋯⋯120
（三）搭建文化IP体系⋯⋯⋯⋯⋯⋯⋯⋯⋯⋯⋯⋯⋯⋯⋯⋯121
（四）宣传推广与品牌营销⋯⋯⋯⋯⋯⋯⋯⋯⋯⋯⋯⋯⋯⋯124

五、体制机制方面⋯⋯⋯⋯⋯⋯⋯⋯⋯⋯⋯⋯⋯⋯⋯⋯⋯⋯⋯127
（一）自上而下的全面统筹——山西省旅游公路建设案例⋯⋯127
（二）省级立法规范旅游公路管理——海南省旅游公路案例⋯130
（三）管理的渐进式发展机制——河北张家口"草原天路"案例⋯135

参考文献

第一章

旅游公路内涵及发展历程

旅游业是国民经济的支柱产业，交通是旅游业发展的基础支撑和先决条件。近年来，我国综合交通运输体系不断完善，为旅游业发展提供了重要保障。随着大众旅游时代的到来，交通为旅游带来了便利，旅游为交通开拓了新的发展空间，交通运输与旅游融合发展已经成为旅游业转型发展的新趋势，成为深化供给侧结构性改革的重要抓手。党中央、国务院及相关主管部门高度重视旅游交通基础设施建设，出台一系列加快旅游交通发展的政策文件。

在政策的引导与支持下，旅游交通建设实践持续稳步推进。据初步统计，截至2023年底，全国已有27个省（区、市）推进旅游公路建设，27个省（区、市）开展铁路旅游融合实践，30个省（区、市）探索旅游航道建设，25条国家旅游风景道中16条已启动前期工作。

旅游公路是满足旅游出行最广泛、最直接、最有效的方式，是缓解人民日益增长的美好生活需要和不平衡不充分的发展之间的矛盾的关键举措之一。近年来，各地围绕"高速公路服务区＋旅游""旅游风景道建设""桥梁＋旅游"以及网络红人（知名网络自媒体创作者）自驾游精品线路等开展了大量旅游公路实践探索工作，诸多项目已被打造成衔接地方资源信息平台和对外展示的重要窗口，成为地方经济可持续发展的重要支撑。

一、旅游公路内涵

（一）旅游公路概念渊源

目前与"旅游公路"相关的概念主要有旅游公路、景观公路、绿色公路、风景道、遗产廊道、文化线路、绿道等。这些概念基本可以归为两类，一类是交通行业的界定，包括旅游公路、景观公路、绿色公路等，该类概念是国内产生的，有较广泛的应用和较高的认可度；另一类是文旅行业的界定，包括风景道、遗产廊道、文化线路和绿道等，主要借鉴了国外的概念。就旅游公路的概念而言，国内不同学者给出了不同的界定，旅游公路的概念得到不断地完善和充实。

（二）旅游公路基本内涵与主要特征

在整合各类旅游公路相关概念的基础上，通过提炼、梳理、归纳和总结，得出旅游公路的基本内涵如下：

旅游公路是在满足交通功能的基础上，连接景区、景点或其他优质旅游资源，能够有效满足人们旅游出行需求，且自身品质优良、设施完备、景观优美、服务优质的公路，是扩大内需、促进消费升级，满足人民群众对美好生活向往、促进共同富裕的重要载体。

随着交旅融合的不断深入，交通运输与旅游之间的关系更加多元化，旅游公路的特征可概括为可达性、可展性、可链性、可融性、可导性 5 个方面。

1. 可达性

可达性指出行者从所在地到达旅游目的地必须具备良好的交通条件。只有让出行者顺利进出旅游目的地，才能为当地带来客源并产生经济效益。

2. 可展性

可展性指随着旅游交通的不断发展，交通网络不断延伸，对区域旅游产业经济发展起到促进作用。任何一项重大交通项目的建成，都会对区域旅游业带来多方面的影响和深刻的变革。

3. 可链性

可链性指通过旅游交通运输体系的构建，包括通道支撑、集散衔接、基础网络、配套服务等方面的完善，为游客提供全方位的服务。

4. 可融性

可融性指交通与旅游在融合过程中，不断创造出新的旅游交通产品和产业业态。随着融合进一步深入，旅游公路衍生出的新业态新产品将越来越多。

5. 可导性

可导性指利用现代交通技术提前控制、疏导集中出行造成的交通拥堵，并为游客提供多种可供选择的交通组合产品，以改善出行质量，提升旅游出行品质。

（三）旅游公路分类

旅游公路应具备畅通直达、汇集疏散等交通功能，同时也应提供休闲游憩体验等旅游服务功能。根据不同划分标准，旅游公路分类情况见表1-1。

表1-1 旅游公路不同类型划分情况

	类型	典型特征	典型案例代表
按旅游功能划分	通景型旅游公路	连接和通往景区景点等旅游资源	八达岭高速公路
	目的地型旅游公路	周边无景区或无较高质量的景区，但道路沿线景观优美、有较大开发价值	河北草原天路
	复合型旅游公路	通达景区且沿线景观优质的公路	四川川主寺至九寨沟公路
按旅游主题划分	滨海型旅游公路	道路沿线以滨海景观为主	威海千里山海自驾旅游公路
	山地型旅游公路	道路沿线以山地景观为主	四川川主寺至九寨沟公路、G348三峡公路
	森林型旅游公路	道路沿线以森林景观为主	环长白山旅游公路
	红色旅游公路	道路本身拥有丰富的红色文化和旅游资源	"爱尚沂南·红色之旅"旅游公路
	草原旅游公路	道路沿线以草原（草甸）风光为主	河北草原天路
	乡村旅游公路	道路沿线分布较多的美丽乡村或特色小镇	江苏溧阳1号旅游公路
按地理区位划分	山区旅游公路	旅游公路所处区域基本位于微丘区域或山岭重丘区域	大别山旅游公路
	平原旅游公路	旅游公路所处区域主要是平原区域	江苏溧阳1号旅游公路
按技术等级划分	旅游高速公路	所依托公路为高速公路	云南思茅—小勐养高速公路、千黄高速公路
	旅游普通公路	所依托公路为普通公路	环神仙居旅游公路(浙江台州)、陕西沿黄观光公路

（四）旅游公路主要建设内容

1. 设计范围

旅游公路是旅游业和交通运输业融合发展的产物，具有交通和旅游双重功能。旅游公路在满足道路通达性和安全行车的基础上，还应利用公路沿线周边的旅游资源，为游客提供赏景、游憩等服务，实现道路从单一的交通功能向交通、生态、游憩、美学、文化等复合功能的转变。因此，旅游公路的设计范围不仅应包括道路本身，还应延伸到路网周边视域范围及游径系统可到达的旅游区范围（廊道范围），如图1-1所示。

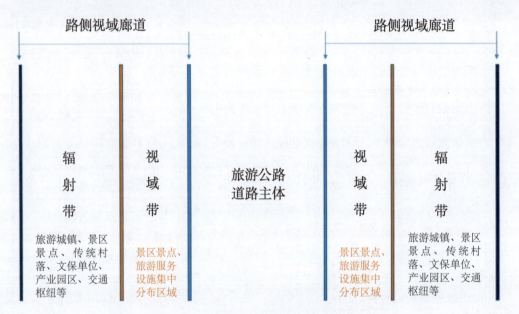

图1-1　旅游公路设计范围示意图

2. 建设内容

旅游公路建设内容主要包含六大部分，即道路主体、游径系统、服务设施、路域环境、标识系统和产品体系。

（1）道路主体。旅游公路新建项目较少，主要是对既有道路进行改造和提升。主体工程建设要确保道路线形优美，行车安全舒适。

（2）游径系统。包括与道路伴行的自行车道、步道，或其他具有特殊体验功能的游览路径等。

（3）服务设施。包括路侧与视域范围内的游憩服务设施，如路侧观景台、驿站，视域范围内新建或依托已有设施改建的游客中心，安全与救援设施，自驾车营地，住宿、餐饮及购物设施以及信息化设施等。

（4）路域环境。包括旅游公路沿线的标志性景观、绿化景观及路域廊道范围内的环境治理等。

（5）标识系统。是指在旅游公路路侧及周边设置的信息解说与引导系统。

（6）产品体系。包括结合旅游公路建设打造的特色旅游产品，以及产品的营销与宣传推广等。

二、旅游公路发展历程

国外旅游公路经历了一个从"公园道"（19世纪60年代）到"绿道"（19世纪下半叶）再到"风景道"（20世纪30年代）的演进过程。目前，美国的旅游公路建设处于世界领先地位，在20世纪末就已经形成了完善的国家风景道体系。

我国旅游公路实践始于改革开放初期，经历了从通景公路（1978—2004年）到风景公路（2004—2015年），再到融合发展阶段（2016年至今）的演进过程，目前正处于全面发展时期。

自改革开放以来,随着交通和旅游的不断发展,从公路与旅游的相互关系角度看,我国旅游公路的发展大致可分为3个时期。

(一)通景公路阶段(1978—2004年)

1978—2004年,自改革开放初期至21世纪初,交通与旅游的关系是服务与被服务的关系,旅游公路的功能主要是服务旅游业的发展,主要体现服务支撑功能,该阶段旅游公路基本特指景区内公路或部分通达景区的公路。旅游公路建设的重点是解决好景区的通达问题和旅游交通的差异化服务问题,同时兼顾利用绿化景观来提升公路的品质,以突出其与普通公路的区别。

(二)风景公路阶段(2004—2016年)

以2004年交通部启动公路勘察设计典型示范工程活动为标志,提出了"六个坚持、六个树立"的设计新理念,突出了创作设计的要求,尤其强调了公路景观设计的重要性。在新理念的指导下,涌现出一大批以四川川主寺至九寨沟公路、思茅—小勐养高速公路、湖北神宜路、威海滨海景观旅游路、河北草原天路等为代表的景观效果好、旅游功能突出的旅游公路。这类旅游公路不再局限于服务景区功能及自身绿化景观的打造,开始考虑自身旅游价值的体现,通过设置观景台及专门的旅游交通标志等来实现公路自身的旅游功能,实现了通景公路向风景公路的转变。

该阶段,旅游公路不仅承载游客出行需求,而且还成为旅游体验的一部分并逐渐成为重要的旅游吸引物,公路与旅游的融合产生了乘数效应。

（三）融合发展阶段（2016年至今）

2016年以后，随着供给侧结构性改革的深入，以交通和旅游为代表的不同业态加快了融合的脚步。以交通运输部印发的《关于实施绿色公路建设的指导意见》为标志，提出了加强公路功能设计，拓展公路服务与旅游功能，带动沿线旅游经济发展的要求。随后交通运输部、国家旅游局等六部门联合印发了《关于促进交通运输与旅游融合发展的若干意见》，正式提出了交通与旅游融合发展的要求。2017年，交通运输部办公厅发布了《关于组织开展旅游公路示范工程建设的通知》，宣布旅游公路示范工程开始申报，我国旅游公路建设进入跨越式发展阶段。党的十九大以来，伴随美丽中国、乡村振兴、全域旅游及交通强国等战略的实施，公路的基础性、先导性作用进一步凸显，与相关行业的融合进一步密切，交通与旅游开始进入深度融合的探索阶段，出现了贵州赤水河谷旅游公路、江苏溧阳一号旅游公路、浙江台州美丽公路等一批既具有旅游价值，又对沿线经济带动明显的旅游公路项目。

该阶段旅游公路建设开始关注全方位、全视角、全过程的打造，实现了不同领域、部门、专业的融合，旅游公路概念和内涵得到拓展，其辐射带动作用更加显著。

第二章

旅游公路发展环境及成就

一、旅游公路总体发展环境

旅游公路是在汽车文明驱动下产生的大众休闲的产物，最早盛行于以美国为首的欧美等国家，国际旅游公路的发展经验对我国旅游公路的建设具有一定的参考价值。

（一）国外旅游公路发展环境

从国外旅游公路发展的历程看，旅游公路由普通公路演化而来，其演化的核心原因是公路的旅游体验功能对传统交通功能的超越。随着20世纪初期，批量化的生产线推动了汽车在欧美地区的普及，休闲驾驶逐渐成为一种席卷全球的游憩方式，旅游公路（风景道）建设也由此拉开序幕。

经过一个多世纪的发展，国外旅游公路（风景道）已形成一个独立、蓬勃发展的研究领域，并取得了丰富的研究成果。同时旅游公路（风景道）还因获得了政府和社会相关方的积极参与及大力支持，在实践工作中得到高速发展。国外旅游公路（风景道）的蓬勃发展主要受益于两方面：一方面，从供给角度看，汽车文明的繁荣发展，保护沿途景观资源、自然和遗产旅游资源的需求，促使旅游公路（风景道）成为一类独具特色的旅游吸引物，创造出经济效益并拉动周边社区的经济发展，同时还得到政府部门以及开发商的支持和参与。另一方面，从需求角度看，人们将公路走廊视作一个更为广阔体现人文价值的混合体，近年来自驾车旅游的快速发展，强化了旅游者旅行途中的景观观赏功能，将旅行成本转变为旅行收益成本，成为旅游公路（风景道）发展的强劲推动力。

1. 美国风景道

美国是汽车普及最早的国家之一，因而成为较早一批开展旅游公路（风景道）建设的国家。"公园道"（Parkway）是美国旅游公路（风景道）的前身，其规划思想由奥姆斯特德在19世纪60年代左右提出；20世纪20年代后，在美国休闲驾驶兴起和国家公园旅游发展的背景下，陆续诞生了蓝岭公园道（Blue Ridge Parkway）、纳奇兹游径公园道（Natchez Trace Parkway）等一批早期的旅游公路（风景道）。美国联邦政府分别于1965年和1967年颁布了《公路美化法案》（Highway Beautification Act）和《风景及休闲公路法案》(Scenic and Recreational Highway Act)，并率先在华盛顿开展了州立风景道的建设计划。1991年，美国国会通过《多式联运地面运输效率法案》(Intermodal Surface Transportation Efficiency Act，简称"冰茶"法案)，进而启动了"国家风景道计划"（National Scenic Byway Program）。1995年，交通运输部联邦公路管理局（Federal Highway Administration，FHWA）正式建立以"美国风景道"（America's Byway）为品牌、由"国家风景道"（National Scenic Byway）和"全美公路"（All-American Road）构成的国家风景道体系。该计划在1998年的《21世纪的运输公平法案》（Transportation Equity Act for the 21st Century，TEA-21，简称"续冰茶"法案）和2005年的《安全、负责任、灵活、高效的运输公平法案》（Safe, Accountable, Flexible, Efficient Transportation Equity Act：A Legacy for Uses Act）中得到重授权，并实现大幅拓展。该计划主要包括两方面内容：一是风景道提名和评定标准，即通过评估，使申请的道路通过提名审批成为风景道，纳入国家风景道体系中；二是风景道建设项目基金使用和管理，即对纳入国家风景道体系的风景道给予联邦政府基金资助，并对基金使用进行管理。在该计划支撑下，美国分别于1996年、1998年、2000年、2002年、2005年和2021年这6个年份，分批次开展了美国风景道的评选。截至目前，美国已经构建涵盖48个州（区），含184条国家风景道的完善的风景道体系。

2. 德国风景道

作为内燃机汽车诞生地的德国，其发达的汽车工业为国家风景道的建设提供了肥沃的土壤。始建于1927年的阿尔卑斯山公路是德国最早的风景道，但由于道路仅有部分路段通车，直至20世纪60年代才形成连续且完整的公路。相较之下，建于1935年的德国葡萄酒之路则成为德国早期风景道的代表。第二次世界大战之后，为重新树立国家形象，通过旅游业振兴经济，政府开始鼓励风景道及旅游线路的设立，先后于20世纪70年代和90年代掀起了两次风景道建设的热潮。由于风景道多被视为旅游产品，因此每条道路一般都会设有独立的赞助及管理机构。这些机构的性质多数为旅游组织、社团及俱乐部，成员构成差异性较大，包括道路周边的社区、景区、住宿及餐饮企业。由于不同地区及机构在管理、经营方式上存在差异，加之长期以来缺乏国家层面的相关规定或标准对风景道的定义、建设与管理提出要求，因此风景道在建设形式上呈现出百花齐放的态势。为实现对不同线路的统一管理，保障高质量的景观体验，德国旅游协会（Deutsche Tourismus Verband e.V.，DTV）于1981年首次宣告设立"德国度假公路"（Deutsche Ferienstraûen），并于1996年与德国汽车俱乐部共同制定了资助计划。同时，国家旅游局也参与到了线路主体和分区的规划中，共同致力于规范风景道的建设与经营。据DTV所公布的信息，虽然不同企业和机构在德国设立了上百条风景道，但目前仅有28条道路纳入到德国度假公路的管理体系，并定期接受管理部门的考核与监督，以确保道路产品符合国家标准要求的高质量休闲驾驶体验。

3. 挪威旅游公路

在北欧地区，挪威建立的旅游公路（风景道）体系也吸引了风景园林、建筑、艺术、旅游等多个领域的关注。挪威公共道路管理局（Norwegian Public Road Authority，NPRA）启动"美丽公路奖"的评选，激发了从美学价值角度考察道路工程的思考。1994—1997年，挪威政府投入2.16亿挪威克朗，开展了为期3年的风景道探索性建设，最终于2005年正式启动挪威"国家旅游线路"（Nasjonale Turistveger）计划。该计划从地方推荐的名录中筛选出18条、累计长度约2240公里的"挪威风景线路"（Norwegian Scenic Routes）产品，并规划于2024年建成风景道沿途的250处景点及休息区。挪威风景线路由NPRA下设的风景线路部（Scenic Route Department）全面负责管理，其具体工作涉及策划与经济管理、服务区和景点规划建设、线路运营与维护、主要景点所有权事务、设施质量管理、门户网站运营。风景道管理方组织建筑师、风景园林师、视觉艺术家组成会议，定期开展风景线路论坛，讨论新的建设目标和管理政策。此外，NPRA还会任命一名艺术策展人参与风景道的管理工作，以确保具有国际价值的艺术作品作为风景线路体验的一部分。因而，相较于其他国家的风景道，挪威在休息区、观景点的场所营造方面取得了突出的成就，实现了自然与艺术的融合。

4. 主要经验与启示

一是系统化理论研究的引领。经过近百年的发展，美国等西方发达国家高度重视旅游公路（风景道）领域的研究，研究领域主要包括风景道概念界定，风景道体系建立，风景道规划设计、影响及评估，旅行者行为与心理，营销与管理体制等。同时，在研究方法上强调交通学、旅游学、人类学、社会学、心理学、环境学、经济学等多学科跨学科研究，为风景道发展提供了强大的理论引导及技术支撑。

二是政策与规划的保障。政府在政策层面上提供支持，包括资金、土地使用和管理方面的优惠政策。自20世纪80、90年代以来，美国、德国及挪威等国家从立法层面对旅游公路（风景道）建设给予了高度重视，将其纳入国家和地方层面相关法案中，促进了旅游公路建设和管理走上法制化和规范化发展的道路，同时也成为国家对旅游公路（风景道）实施评定、建设和管理的章程和依据；日本的旅游公路发展则得益于政府的长期规划和政策支持。此外，许多国家通过综合规划，将旅游公路纳入国家或地区的整体旅游发展战略。例如，德国的"浪漫之路"和挪威的"国家旅游路线"都是通过详细的规划和设计，将自然景观、历史文化和现代设施结合起来。

三是申报认定与标准的规范。发达国家高度重视旅游公路的申报与认定，通过建立一套科学合理的申报评定机制，以确保旅游公路的品质。例如，美国的"国家风景道"和德国的旅游公路都有严格的评审标准和程序，以此保证公路的旅游品质和服务质量。旅游公路涉及规划、建设、运营和管养全过程，技术性强、涉及面广，建立相应技术标准是十分必要的。为此，欧美等发达国家政府在提供政策支撑和法律保障的基础上，通常会配套出台大量的技术指南和技术规范，内容涉及旅游公路评估与提名、资金申请与管理、市场营销、社区参与、廊道管理以及路侧要素建设等诸多方面，对旅游公路（风景道）发展起到了很好的引导和规范作用，有效推动了旅游公路（风景道）实践工作的顺利开展。

四是灵活多元的投融资方式。纵观国际旅游公路（风景道）发展历程，旅游公路（风景道）开发与管理是一项巨大的系统工程，尤其是多元、灵活的资金支撑至关重要。一方面开展多元化融资，许多国家通过多元化融资机制，包括政府拨款、私营企业投资和地方社区参与，以确保资金的稳定。例如，美国的风景道项目通过联邦资金与地方配合，吸引社会资本参与建设。另一方面采取灵活的公私合作，积极探索公私合作模式（PPP），引入市场机制，提高资金利用效率和管理水平。

五是高度重视环保与生态设计。西方发达国家在旅游公路建设中高度重视环境保护，采用环保材料和技术，减少对自然环境的破坏。例如，挪威在国家旅游路线的建设中优先考虑对自然环境的影响，采用了一系列环保措施，如使用本地材料、恢复生态环境等。同时，将生态保护理念贯穿于公路设计、建设和管理的全流程，降低对周边生态系统的影响。例如，美国在风景道的设计中注重保护沿线的自然景观和生态系统。

六是突出文化体现与社区参与。通过将当地的历史文化、传统文化融入旅游公路的设计和建设中，增强公路的文化内涵和吸引力。例如，德国的"浪漫之路"让游客体验到沿线丰富的历史和文化。积极鼓励和引导地方社区参与旅游公路的开发和管理，促进当地经济社会发展。例如，日本的许多旅游公路项目都与地方社区合作，共同开发旅游资源，提高了地方经济水平。

（二）国内旅游公路发展环境

1. 旅游业进入快速复苏新通道

2023 年，国内旅游市场呈现出强劲的复苏势头，国内出游人次达到 48.91 亿，同比增长 93.3%。其中，城镇居民国内出游人次 37.58 亿，同比增长 94.9%；农村居民国内出游人次 11.33 亿，同比增长 88.5%。我国旅游产业已成为推动国内经济增长的重要力量。

常态化旅行和相关政策的激励，推动中远程旅游快速复苏，游客出游距离和目的地休闲半径明显增加。低线城市、小机场城市、县城和中心城镇正成为国内旅游新的增长点。旅游新需求和细分市场的不断涌现，推动了旅游场景、产品和服务的创造性提升和创新性发展。深受青年人喜爱的特种兵旅游、反向旅游、集章、打卡旅游、"进淄赶烤"美食游、围炉煮茶仪式游、城市漫游（Citywalk）、村超村BA、45度躺平、沉浸式、研学旅游、避暑、避冷、康养旅游、自驾出游、旅居结合的休闲度假游，都是2023年的旅游热词。近程旅游仍然是国内旅游发展的基础支撑。过去3年，以城市休闲、周边游、乡村游为代表的高频次近程游成为国民旅游主要出行方式。

2. 公路交通基础设施日趋完备

截至 2022 年底，我国公路总里程达到 535 万公里，10 年增长 112 万公里，公路密度达到 55.78 公里/百平方公里（图 2-1）。高速公路通车里程 17.7 万公里，稳居世界第一，通达 99% 的城镇人口 20 万以上城市及地级行政中心，二级及以上公路通达 97.6% 的县城，农村公路总里程达到 453 万公里。覆盖广泛、互联成网、质量优良、运行良好的公路网络已基本形成。

图 2-1　我国 2017—2022 年公路里程及公路密度

3. 公路旅游客运向自驾游转移

截至 2023 年底，全国机动车保有量达 4.35 亿辆，其中汽车 3.36 亿辆。相对于汽车客运，社会接触少、机动性强的自驾出行方式更受青睐。2023 年春运，自驾出行量占全社会人员流动量的 66.3%，较 2019 年提高 19 个百分点。2024 年春运期间，公路人员流动量预计完成 78.3 亿人次，其中高速公路及普通国省道路非营业性小客车人员出行量预计完成 67.2 亿人次，在全社会跨区域人员流动量中占比约 80%，公路营业性客运量预计完成 11.1 亿人次。可以说，大多数人更有意愿选择自驾出行。

2015—2019 年，我国自驾游游客数由 23.4 亿人次增长至 38.4 亿人次。2020 年受疫情影响，我国自驾游游客数下降至 22.4 亿人次。2021 年自驾游人数占总旅游人数的比重为 70.29%，比 2019 年增长 10%。2022 年全国自驾游人数占国内出游总人数的比重为 74.8%（图 2-2），国内自驾出游总人数达到 18.9 亿人次（比 2021 年减少 3.9 亿人次）。

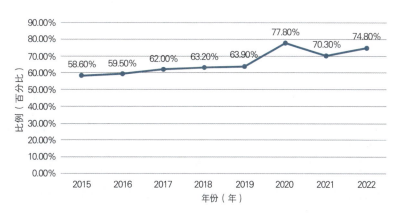

图 2-2　2015—2022 年自驾游人数占国内出游总人数比例
数据来源：美学内阁　数据分析：美学内阁

二、我国旅游公路主要发展成就

（一）政策规划框架初步形成

1. 部际达成初步共识

2016 年以来，国家各部委高度重视交旅融合发展，出台多份文件推动相关工作。

2016 年 12 月，交通运输部、国家旅游局印发《促进交通旅游服务大数据应用实施方案（2016—2018 年）》，提出重点景区与周边路网数据融合应用试点。2017 年 3 月，交通运输部联合国家旅游局等六部门印发《关于促进交通运输与旅游融合发展的若干意见》（交规划发〔2017〕24 号），提出打造一批特色突出的旅游风景道示范工程。2018 年 10 月，交通运输部联合多部门印发《促进乡村旅游发展提质升级行动方案（2018—2020年）》，提出结合"四好农村路"建设，加强乡村旅游公路建设。2019年7月，交通运输部牵头发布《关于推动"四好农村路"高质量发展的指导意见》（交公路发〔2019〕96号），开展"美丽农村路"建设。2023年10月，文化和旅游部办公厅、交通运输部办公厅、国家铁路局综合司、中国民用航空局综合司、国家邮政局办公室、国铁集团办公厅联合公布第一批交通运输与旅游融合发展典型案例（图2-3）。2024年11月，文化和旅游部办公厅、交通运输部办公厅、国家铁路局综合司、中国民航局综合司、国家邮政局办公室、国铁集团办公厅联合公布第二批交通运输与旅游融合发展示范案例（图2-4）。2024年1月，交通运输部办公厅与文化和旅游部办公厅联合印发《推进旅游公路高质量发展五年行动方案（2023—2027年）》（交办公路〔2023〕79号）。

2. 规划锚定发展方向

2016年8月，国家发展改革委与国家旅游局印发《全国生态旅游发展规划（2016—2025年）》，提出形成50条跨省和省域精品生态旅游线路，打造25条国家生态风景道。2016年12月，国务院印发《"十三五"旅游业发展规划》（国发〔2016〕70号），提出实施国家旅游风景道示范工程，形成品牌化旅游廊道。2017年9月，交通运输部印发《全国红色旅游公路规划（2017—2020年）》，确定126个红色旅游公路项目，涉及28个省（区、市），提出到"十三五"末，具备条件的红色旅游经典景区景点与周边路网共同形成便捷、安全、可靠的红色旅游公路网络。2019

12月，国务院印发《交通强国建设纲要》《国家综合立体交通网规划纲要》等政策文件，均提出要加快国家旅游风景道、旅游交通体系等规划建设，打造具有广泛影响力的自然风景线。2021年10月，交通运输部印发《绿色交通"十四五"发展规划》，提出建设绿色交通基础设施，因地制宜打造一批旅游公路、旅游服务区。2021年12月，国务院印发《"十四五"旅游业发展规划》，提出加强交通干线与重要旅游景区衔接，加快建设乡村旅游公路、旅游主题高速公路服务区，推进旅游和交通融合发展。2022年7月，交通运输部联合国家发展改革委印发《国家公路网规划》，提出注重国家公路网与产业融合发展，提升公路服务区服务品质，丰富其服务功能。交旅融合发展相关规划一览表见表2-1。

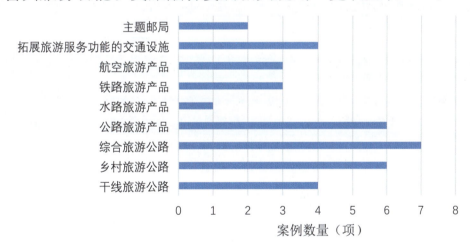

图2-3 第一批交通运输与旅游融合发展典型案例分布示意图

注：第一批交通运输与旅游融合发展典型案例共计36项，其中干线旅游公路类4项、乡村旅游公路类6项、综合旅游公路类7项、公路旅游产品类6项、水路旅游产品类1项、铁路旅游产品类3项、航空旅游产品类3项、拓展旅游服务功能的交通设施类4项、主题邮局类2项。

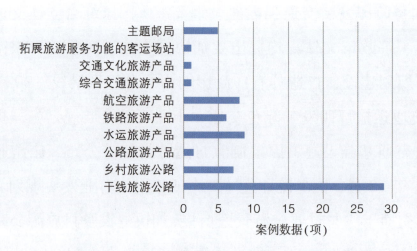

图 2-4　第二批交通运输与旅游融合发展示范案例

注：第二批交通运输与旅游融合发展示范案例共计 68 项，其中干线旅游公路类 28 项、乡村旅游公路类 7 项、公路旅游产品类 2 项、水运旅游产品类 9 项、铁路旅游产品类 6 项、航空旅游产品类 8 项、综合交通旅游产品类 1 项、交通文化旅游产品类 1 项、拓展旅游服务功能的客运场站类 1 项、主题邮局类 5 项。

表 2-1　交旅融合发展相关规划一览表

序号	规划名称	主要内容	印发部门	印发时间
1	《全国生态旅游发展规划》	首次提出了"以国道、省道为基础，加强各类生态旅游资源的有机衔接，打造25条国家生态风景道"	国家发展改革委、原国家旅游局	2016年8月
2	《"十三五"旅游业发展规划》	培育25条国家旅游风景道，完善信息咨询等旅游公共服务体系	国务院	2016年12月
3	《"十三五"现代综合交通运输体系发展规划》	拓展交通运输新领域新业态，促进通用航空与旅游、文娱等相关产业联动发展，大力发展自驾车、房车营地	国务院	2017年10月

续上表

序号	规划名称	主要内容	印发部门	印发时间
4	《"十四五"现代综合交通运输体系发展规划》	鼓励农村公路与产业园区、旅游景区、乡村旅游重点村等一体开发，推动游艇、游船、房车旅游发展，优化完善自驾车旅行服务设施，培育交通消费新模式	国务院	2021年12月
5	《"十四五"旅游业发展规划》	继续推出一批国家旅游风景道和自驾游精品线路，打造一批世界级、国家级旅游线路，支持在有条件的江河湖泊发展内河游轮旅游，推动通用航空旅游示范工程和航空飞行营地建设	国务院	2021年12月
6	《公路"十四五"发展规划》（交规划发〔2021〕108号）	适应"交通+旅游"融合发展需要，推进连接AAAAA级景区、国家风景名胜区等普通国道建设，打造国家旅游风景道	交通运输部	2022年1月
7	《山西省黄河、长城、太行三个一号旅游公路规划纲要（2018—2025年）》	与高速公路、国省干线共同形成"城景通、景景通"的快进慢游体系，构筑全省三大板块"内联网、外循环"慢游网络；对驿站、营地、绿道、观景区、信息标牌等服务设施进行统一规划和布局	山西省交通运输厅	2021年6月

续上表

序号	规划名称	主要内容	印发部门	印发时间
8	《环广西国家旅游风景道总体规划（2021—2035年）》	在广西原有特色旅游线路的基础上，提炼出边关风景道、粤桂风景道等8条特色鲜明的国家旅游风景道，总里程约5400公里	广西壮族自治区文化和旅游厅	2022年6月
9	《关于印发河南省旅游公路网规划（2022—2030年）的通知》	到2025年，创建10个以上旅游公路示范县，建成100个以上功能完备、智能便捷的游客驿站，推出1000公里以上全国知名的"公路旅游"特色路，构筑1万公里以上旅游公路网	河南省人民政府	2022年11月
10	《山东省旅游交通网主骨架布局规划（2023—2030年）》	将形成东部"千里滨海"、西部"鲁风运河"、南部"红色沂蒙"、北部"黄河入海"、中部"长城寻迹"五大主题廊道，整体构成"东西南北中、一环游山东"旅游风景道总体布局；在具备条件的公路沿线按照"一站一主题，一站一特色"建设驿站	山东省交通运输厅	2023年5月
11	《环武夷山国家公园保护发展带交旅融合发展规划》	重点聚焦"旅游发展模式转变、交旅融合品牌打造、路衍产业可持续发展、交旅融合要素保障"等四大方向，制定了构建旅游交通网络、推动快进系统、构建慢游网络、打造特色风景道线路、建设集散服务节点、完善运输服务体系、谋划品牌创建、衍生交旅产品、促进乡村振兴发展等九大重点建设任务及实施方案	南平市交通运输局	2023年12月

3. 行业夯实政策基础

2016年7月，交通运输部印发《关于实施绿色公路建设的指导意见》（交办公路〔2016〕93号），将"着力拓展公路旅游功能"作为专项行动之一，鼓励在路侧空间设置完善公路旅游服务设施，拓宽完善公路旅游服务。2017年7月，交通运输部印发《全国红色旅游公路规划（2017—2020年）》，确定126个红色旅游公路项目。同年11月，交通运输部在绿色公路建设基础上，印发《关于组织开展旅游公路示范工程建设的通知》（交办公路〔2017〕149号），提出开展旅游公路示范项目的4项选取条件和6项主要建设内容，各省上报186个示范项目，后因国家开展示范创建清理工作，示范工程未实质性推进。2020年6月，交通运输部印发《关于做好交通运输促进消费扩容提质有关工作的通知》，提出持续推进旅游公路建设，促进交通运输与旅游体育产业融合。

2016年至今，为推动交旅融合有序发展，各个机关单位等相继发布了相关政策性文件共22个（图2-5）。交旅融合发展系列文件一览表见表2-2。

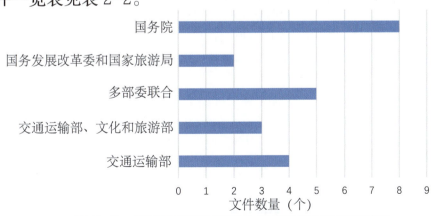

图2-5　各部委印发交旅融合相关政策文件数量情况

表 2-2 交旅融合发展系列文件一览表

序号	规划名称	主要内容	印发部门	印发时间
1	《关于促进自驾车旅居车旅游发展的若干意见》	重点建成一批自驾车旅居车旅游目的地，推出一批精品自驾游线路，培育一批自驾游连锁品牌企业	国家旅游局、国家发展改革委、工业和信息化部等十部门	2016年11月
2	关于促进交通运输与旅游融合发展的若干意见	完善旅游交通基础设施网络体系、健全交通服务设施旅游服务功能、推进旅游交通产品创新、提升旅游运输服务质量	交通运输部、国家旅游局、国家铁路局、中国民用航空局、中国铁路总公司、国家开发银行	2017年3月
3	《关于促进全域旅游发展的指导意见》	加快建设自驾车房车旅游营地，推广精品自驾游线路，打造旅游风景道和铁路遗产等特色交通旅游产品，积极发展邮轮游艇旅游、低空旅游	国务院	2018年3月
4	《加快推进交通旅游服务大数据应用试点工作的通知》	试点主题重点但不限于以下4个方向：运游一体化服务、旅游交通市场协同监管、景区集疏运监测预警、旅游交通精准信息服务	交通运输部办公厅、国家旅游局办公室	2018年3月
5	《促进乡村旅游发展提质升级行动方案》	鼓励在有条件的农村公路周边设置交通驿站等服务设施，加大乡村旅游公路支持力度，出台适宜的设计与建设规范，以及运营管理标准	国家发展改革委、财政部、人力资源和社会保障部等十三部门	2018年10月

第二章　旅游公路发展环境及成就

续上表

序号	规划名称	主要内容	印发部门	印发时间
6	《关于推动"四好农村路"高质量发展的指导意见》	鼓励农村公路与产业、园区、乡村旅游等经营性项目实行一体化开发；鼓励农村公路在适宜位置增设服务设施，拓展路域旅游服务功能	交通运输部、国家发展改革委等八部门	2019年8月
7	《交通强国建设纲要》	加速新业态新模式发展，推动旅游风景道、旅游专列等发展，完善客运枢纽、高速公路服务区等交通设施旅游服务功能	中共中央、国务院	2019年9月
8	《关于做好交通运输促进消费扩容提质有关工作的通知》	推动高速公路服务区因地制宜拓展旅游、消费等功能，结合地域特色配套房车车位、加气站、新能源汽车充电桩等设施设备。持续推进旅游公路、旅游航道、邮轮游艇码头建设，推动邮轮经济、旅游专列、低空飞行旅游等发展	交通运输部办公厅	2020年6月
9	《国家综合立体交通网规划纲要》	加快国家旅游风景道、旅游交通运输体系等规划建设，强化交通网"快进慢游"功能，完善公路沿线、服务区、客运枢纽等旅游服务设施功能	中共中央、国务院	2021年2月
10	《关于加快推进城乡道路客运与旅游融合发展有关工作的通知》	完善节点设施服务功能、丰富旅游出行服务供给、推动旅游客运智慧发展、优化旅游客运市场环境、加强旅游与客运联合推介、切实强化政策保障	交通运输部办公厅、文化和旅游部办公厅	2023年2月

续上表

序号	规划名称	主要内容	印发部门	印发时间
11	关于开展交通运输与旅游融合发展典型案例推荐遴选工作的通知	推荐案例应为交通运输和旅游融合发展的实体项目、产品项目，重点包括但不限于：交旅融合基础设施建设类、旅游交通产品创新发展类、交通设施旅游服务提升类	文化和旅游部办公厅、交通运输部办公厅、国家铁路局综合司、中国民用航空局综合司、国家邮政局办公室、国铁集团办公厅	2023年4月
12	《关于释放旅游消费潜力推动旅游业高质量发展的若干措施》	合理规划、有序建设旅游风景道、旅游交通标识标牌等旅游公共设施，推动打造一批旅游公路、国内水路客运旅游精品航线，完善自驾车旅游服务体系	国务院办公厅	2023年9月
13	《关于促进交通运输与旅游产业融合发展的指导意见》	合理规划布局客运枢纽，努力打造集铁路、民航、公路等多种交通方式于一体的综合交通枢纽，力争实现多种交通运输方式的无障碍换乘；支持汽车客运站、机场、火车站、旅行社、景区经营管理单位等主体拓展旅游服务功能	新疆维吾尔自治区交通运输厅	2021年4月
14	《关于加快推进全省交通运输与文化旅游融合发展的指导意见》	将通过优化旅游交通基础设施网络、拓展高速公路服务设施功能、完善普通公路服务设施布局、强化客运枢纽服务功能等，进一步优化旅游交通硬件设施和功能	四川省交通运输厅、四川省文化和旅游厅	2021年9月

续上表

序号	规划名称	主要内容	印发部门	印发时间
15	《皖南交旅融合发展行动方案》	构建"五山"联动快进交通网络、分级推动旅游风景道建设实施、提升交通设施旅游服务功能、全力提高旅游交通运输服务质量、做好品牌策划与宣传营销等	安徽省交通运输厅	2022年12月

4. 地方加强政策支撑

各地结合自身实际，制定了支持旅游公路建设的相关政策。河北、吉林、浙江、四川和甘肃等省（区、市）出台了交旅融合建设指导意见、工作方案等文件，明确将旅游公路建设作为重要任务。山西、内蒙古、辽宁、吉林、江西、湖南、广东等省（区、市）出台了公路与旅游融合专项规划方案，涵盖旅游风景道、旅游公路、房车营地、旅游通景路、自驾游线路等领域。安徽省交通运输厅印发了《皖南交旅融合行动方案》，提出未来3年要重点打造4条FA级（争创国家级）旅游风景道和8条FB级（争创省级）旅游风景道。贵州省交通运输厅组织编制《贵州省旅游公路发展规划》，出台《贵州省交通与旅游融合发展指导意见》。四川省从省级层面制定多项规划、政策及标准规范类指导文件，推动交旅融合发展，并先后印发《四川省旅游公路设计指南（试行）》《大峨眉交旅融合先行示范区建设方案》和《大九寨交旅融合发展示范区建设方案》。

5. 强国试点持续推动

2019年12月，交通运输部印发《关于开展交通强国建设试点工作的通知》（交规划函〔2019〕859号），要求各试点单位深入贯彻落实《交通强国建设纲要》《国家综合立体交通网规划纲要》，充分发挥试点工作在加快建设交通强国中的先行带动和示范引领作用。各试点单位高度重视交通与旅游融合发展，18个省（区、市）及新疆生产建设兵团将交旅融合作为交通强国试点任务，提出围绕旅游交通线路建设、服务设施体系构建、旅游交通产业培育、品牌打造和体制机制创新等方面持续发力，如云南大滇西环线交旅融合、甘肃大敦煌交旅融合等。交通强国交旅融合试点申报情况见表2-3。海南省从沿海环岛旅游公路建设、上海市从航运与旅游融合发展、陕西省从着力优化航空旅客中转服务、贵州省从推动新型高速公路服务区示范建设等重点领域实施突破，加快试点任务建设。

表2-3 交通强国交旅融合试点申报情况

序号	试点	试点专项	试点内容
1	贵州	交通与旅游融合发展	1.创机制；2.连区域；3.提服务；4.树品牌；5.引资本
2	湖南	全域旅游生态景观路建设	1.完善顶层设计；2.实施品牌工程；3.提升绿色发展水平；4.创新管理模式；5.完善协同推进机制
3	重庆	山水城市交旅融合发展	1.打造立体畅联的交通旅游设施；2.创新山水特色旅游交通产品；3.提升交旅融合服务品质

第二章 旅游公路发展环境及成就

续上表

序号	试点	试点专项	试点内容
4	浙江	打造美丽交通经济走廊	1.高水平建设"四好农村路"；2.建设美丽经济交通走廊；3.打造海岛大花园
5	陕西	打造陕南交通旅游山水画卷	1.畅通旅游网络；2.建设旅游风情走廊；3.完善服务设施功能；4.提升旅游信息服务水平；5.打造旅游交通客运品牌；6.强化保障能力
6	吉林	沿边开放旅游大通道建设	1.加强旅游大通道（G331吉林境内段）基础设施建设，打造"快进、慢游"旅游综合交通网络；2.打造G331旅游风景道综合体系；3.建立区域旅游交通服务系统；4.加强G331区域生态安全保护；5.打造G331旅游公路文化品牌；6.创新旅游公路投融资及运营管理模式
7	广东	交通与旅游等产业融合发展	1.推动交旅融合发展；2.加大跨境电商仓储物流发展力度；3.推动新能源等交通产业发展
8	甘肃	大敦煌交旅融合发展	1.推动交旅融合基础设施建设，建立"快进慢游"交通旅游新体系，打造大敦煌文化旅游经济圈"交响丝路1号线"；2.创新"交通+旅游+活动"模式，建设交通文化精品旅游线路
9	广西	推进交通运输高水平对外开放	1.加快打造桂林—柳州—南宁高速公路交旅融合项目；2.深入挖掘沿线文化旅游资源，加大服务区与旅游融合力度，推动沿线农副特色产业有效发展
10	安徽	推进皖南交旅融合发展	1.建设"快进"交通基础设施网；2.建设"慢游"交通基础设施网；3.构建绿色交通体系；4.拓展交通设施旅游服务功能；5.提升旅游运输服务质量

续上表

序号	试点	试点专项	试点内容
11	山西	交通运输与旅游融合发展	1.建设交旅融合基础设施；2.提升旅游运输服务品质；3.推动"大数据+旅游交通"融合发展；4.推动"通用航空+旅游"发展；5.推动体制机制创新
12	四川	推进交通与旅游文化融合发展	1.推进路景融合，促进交旅融合发展；2.推进文化融合，促进新时代交通文化发展；3.推进管理融合，加强政策机制保障
13	内蒙古	交通与旅游融合发展	1.打造沿黄河特色旅游交通风景带；2.打造"乌阿海满"旅游交通圈；3.提升旅游风景道服务水平；4.探索"交旅"融资新模式
14	云南	大滇西环线交旅融合发展	1.完善公路环线；2.加快推进国际国内通道建设；3.建设铁路精品线路；4.提升航空服务水平；5.提升交通基础设施旅游服务功能
15	海南	环岛旅游公路创新发展	1.建设环岛旅游公路，打造有地方人文特色的旅游指示标识；2.全力提升公路信息化智慧化水平；3.依法合规创新投融资模式，打造具有时代特征的"生态路、旅游路、景观路、智慧路、幸福路"
16	新疆生产建设兵团	特色旅游绿色公路建设技术研发与工程建设	1.建立边境旅游公路设计建设技术标准体系；2.探索交通支撑旅游发展、旅游反哺交通发展模式
17	青海	海北藏族自治州交旅融合发展	1.构建"快进慢游"全域旅游综合交通运输体系，打造海北区域交通枢纽和旅游集散中心；2.发展高品质旅游客运，开展交通旅游产品开发和技术创新，提高交通旅游服务水平；3.建立健全交旅融合发展机制

续上表

序号	试点	试点专项	试点内容
18	黑龙江	交通与旅游融合发展	1.构建对外旅游交通大通道、省内旅游交通干线和旅游交通微循环的"快进慢游"网络，打造沿边开放旅游大通道和精品自驾旅游廊带；2.积极推动主线畅行、路域安保、服务提升、环境美化、智慧交旅等重点工程建设
19	新疆	交通与旅游等产业融合发展	1.完善旅游交通网络；2.健全配套设施旅游服务功能；3.提升服务质量；4.完善"交通+旅游"一体化开发机制

（二）标准规范体系逐步完善

据不完全统计，截至 2023 年，我国共发布实施交旅融合相关的国家标准、行业标准、地方标准、团体标准及具有标准性质的指导性文件等达 150 余项（图 2-6）。旅游公路的标准规范体系从无到有，逐步完善。

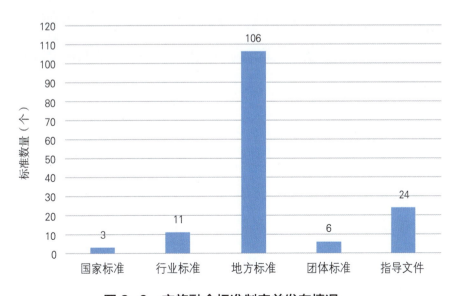

图 2-6　交旅融合标准制定并发布情况

1. 国家行业鼓励标准制定

目前，国家和行业层面与旅游公路有关的标准制定尚处于起步阶段，整体呈现数量少、不系统的特征，且主要集中在文旅行业制定的与自驾游有关的营地建设和服务要求等方面，如《休闲露营地建设与服务规范 第2部分：自驾车露营地》（GB/T 31710.2—2015）、《自驾游目的地基础设施和公共服务指南》（LBT 061—2017）、《自驾车旅居车营地质量等级划分》（LBT 078—2019）等，与旅游公路直接相关的仅有《风景旅游道路及其游憩服务设施要求》（LBT 025—2013）。2023年文化和旅游部组织编制了《旅游风景道等级划分与评定》及《旅游风景道等级划分与评定细则》，对旅游风景道评定基本条件、等级确定、划分依据等作出了规定，目前处于征求意见阶段，尚未正式发布实施。交通领域尚无直接与旅游公路相关的国家和行业标准，仅在2019年出版的《绿色公路建设技术指南》中对公路旅游价值评价、项目前期策划、慢行系统设置、服务设施布设、特色标识和智慧信息系统等进行了规范指引。

随着交旅融合的不断深入，国家和行业层面越来越认识到相关标准制定的重要性，出台了一系列政策、规划文件指导标准化建设工作，为交旅融合标准化建设提供了良好的政策保障和指引。2017年交通运输部等六部门联合发布《关于促进交通运输与旅游融合发展的若干意见》，提出"鼓励结合地域特色研究制定旅游风景道建设标准导则"；2019年中共中央、国务院发布《交通强国建设纲要》，提出"构建适应交通高质量发展的标准体系，加强重点领域标准有效供给"；2021年中共中央、国务院发布《国家综合立体交通网规划纲要》，提出"加快制定综合交通枢纽、多式联运、新业态新模式等标准规范，加强不同运输方式标准统筹协调，构建符合高质量发展的标准体系"；2021年交通运输部制定了《交通运输标准化"十四五"发展规划》，提出"加强标准化管理体系建设，构建适应高质量发展的标准体系，加强重点领域高质量标准有效供给"的要求；2022年交通运输部发布《"十四五"现代综合交通运输体系规划》，提出"构建综合交通运输高质量发展标准体系，完善综合交通枢纽、旅客联程运输、智能交通、绿色交通、新业态新模式等技术标准，强化各类标准衔接"；2023年文化和旅游部与交通运输部联合发布《推进旅游公路高质量发展五年行动方案(2023—2027年)》，提出"交通运输部会同文化和旅游部加强旅游公路建设技术要点、投融资模式等研究，加快完善旅游公路标准规范体系。各地可结合实际情况完善地方标准，共同引导旅游公路健康可持续发展"。

2. 地方标准需求与供给旺盛

自2016年我国旅游公路发展进入交旅融合阶段以来，全国各地掀起旅游公路建设的热潮，对旅游公路标准的需求也日益紧迫。在国家和行业层面相关标准空缺的现状下，各地在旅游公路地方标准研制方面开展了大量卓有成效的工作。地方交通运输主管部门组织制定的与旅游公路有关的标准有山西省地方标准《旅游公路设计技术指南》（DB 14/T 2266—2021）、内蒙古地方标准《旅游公路设计指南》（DB 15/T 2695—2022）、山东威海市地方标准《威海市旅游公路设计规范》（DB 3710/T 125—2020）和《千里山海自驾旅游公路驿站设置及服务规范》（DB 3710/T 183—2022）、山东泰安市地方标准《旅游公路设计规范》（DB 3709/T 012—2022），另外，浙江、重庆、江苏、安徽、四川、上海和海南地区制定了多部旅游景区（点）道路交通指引标志设置有关的地方标准。此外，山西、湖南、西藏、新疆、陕西、青海、重庆、内蒙古、吉林、广西、四川、海南等多个地方文旅部门针对自驾旅游营地（露营地）、服务中心的建设、等级划分、评价与服务，自驾游活动组织等方面制定发布了 30 余部地方标准。据不完全统计，截至 2023 年底，全国共有 20 多个省（自治区、直辖市）制定并发布实施了与旅游公路（风景道）相关的地方标准 65 部（图 2-7）。

各地还针对旅游公路（风景道）建设发布实施了具有标准指南性质的政策文件 30 余项（图 2-7），包括山东省旅游公路建设指南、河南省旅游公路设计指南、湖南省全域旅游公路设计指南、海南省环岛旅游公路驿站建设技术导则、广东省滨海旅游公路规划设计指引、四川省旅游公路设计指南、福建省国道 G228 线滨海风景道设计指南、河北省长城风景道建设指南、广西边关国家旅游风景道建设指引等，对地方标准作出了有益的补充，有力支撑了各地旅游公路的规范性建设。

第二章 旅游公路发展环境及成就

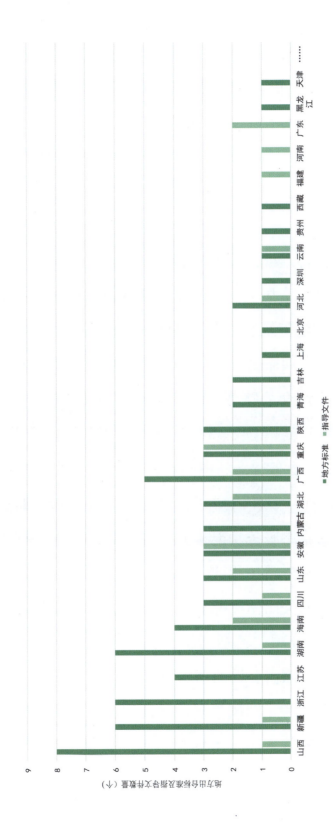

图 2-7 交旅融合地方标准及指导性文件制定情况

同时，在交通运输部已批复的省级交通强国示范方案中，有18个省（区、市）将交旅融合相关标准（政策）的制定列为试点内容，如安徽提出制定旅游风景道、美丽公路建设指南和标准规范；广东提出编制旅游公路技术指引、标准规范；四川提出形成交旅融合标准规范、技术导则；内蒙古提出形成交旅融合意见指南、技术标准等。

3. 团体标准编制异军突起

近年来，在国家大力支持鼓励团体标准编制政策的引导下，各学会、协会等社会组织针对旅游公路建设的需要，积极组织立项、批复了多项旅游公路（风景道）相关的团体标准，如中国工程建设标准化协会公路分会的《旅游公路技术标准》（T/CECS G：C12—2021）、中国公路学会的《公路绿道设计指南》（T/CHTS 10063—2022）、中国林产工业协会的《森林风景道等级划分与评定》（T/CNFPIA 4005—2021）等，对公路景观营建、旅游公路建设、旅游服务功能提升等提出具体要求。据不完全统计，中国公路学会和中国工程建设标准化协会公路分会目前立项完成在编的旅游公路相关团体标准有20余项（图2-8），加上已发布标准，总数已超过20项，包括《旅游公路评估认定标准》《公路观景台设计标准》《旅游公路服务设施设计标准》《国家文化公园旅游公路设计标准》《旅游风景道技术规程》《历史风貌区特色道路设计标准》等。随着上述团体标准的发布实施，将对我国旅游公路建设提供更为灵活、多元的技术支撑和保障。

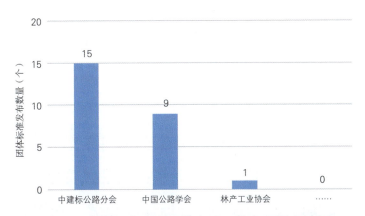

图 2-8 交旅融合团体标准立项、发布及制定情况

（三）工程项目具有丰富实践

1. 公路主体与旅游融合项目

高速公路、普通国省道路和农村公路通过拓展旅游服务功能、提供信息服务和游憩娱乐设施、增加旅游商品等，促进公路与旅游融合。目前，已有 20 余省（区、市）开展了旅游公路建设。贵州赤水河谷旅游公路是全国第一条河谷旅游公路和服务功能完善的慢游廊道；山西规划建设总里程 13206 公里的黄河一号、长城一号、太行一号 3 条旅游公路示范工程；江苏确立了首批 13 条旅游公路建设项目名单；黑龙江投资 213 亿元打造原生态的"醉美龙江 331 风景大道"，创建全国精品自驾游线路；四川九黄机场至红原机场公路、国道 318 线康定至雅江段两个旅游公路示范项目已基本建成；福建已建成厦门环岛旅游公路、福建宁德滨海风景道和温州柑橘花滨海风景道等 3 条特色滨海廊道；湖北以宜昌"美丽宜道"为代表的一批滨江、环湖、森林康养旅游公路建设丰富了人们的出行体验。

以河北草原天路为代表的旅游风景公路，通过串联森林、草原、高山等地貌景观，配套完善的驿站、指引标志系统、汽车营地和统一的 Logo 标识，已成为全国知名的自驾旅游线路。

2. 服务区与旅游融合项目

自 2016 年以来，国家各部委出台了促进交通运输与旅游融合发展的相关政策，自此服务区进入了提档升级阶段。各省（区、市）积极探索"服务区+旅游"融合发展新模式，服务区规模更大，业态更丰富，主题更鲜明，高速公路服务区发展更为迅速。随着自驾游的兴起，旅游公路的大力推进，普通国省干道服务设施作为旅游公路的重要配套设施，近年来也得到不断发展，涌现了一批独具特色的服务区/驿站。

高速公路服务区与旅游融合项目工程实践已较为丰富，涌现出了一大批有代表性的服务区，如江苏阳澄湖"最美园林主题"服务区、芳茂山"恐龙主题"服务区，浙江绍兴"文化+旅游+商业"服务区、嘉兴全国首个"抬升式"服务区，江西庐山西海"桃花水母"主题度假服务区，福建天福"茶文化主题"服务区、武夷山"交通+旅游"主题服务区，广东大槐广东首个"双开放式文旅主题"服务区、阳江"海洋文化主题"服务区，广西那马"那文化"主题服务区、花山"交通+旅游+文化"主题服务区，重庆冷水"中国高速第一自驾营地"服务区、綦江东"铁道兵主题"服务区，四川天全"大熊猫主题文化"服务区，贵州天空之桥全国首个"桥旅融合"+"山地旅游"服务区，云南大板桥"非洲风情主题"服务区，陕西高桥"丝路自驾游露营主题"服务区，河北太子城河北省首个"线外开放式"服务区，新疆阜康全国首个"陨石主题"服务区等。

近年来，普通国省干道服务区与旅游融合项目也涌现了一批典型实践案例，如贵州赤水河谷旅游公路茅台驿站形成大型综合性驿站、海南环岛旅游公路莺歌踏浪驿站形成大型综合驿站、山东威海千里山海自驾旅游公路海螺湾·小螺号驿站形成大型综合服务体、云南怒江美丽公路小沙坝服务区"服务区+景区+半山酒店"模式、S315 航龙至边阳旅游公路问天驿站形成小型驿站、中国乡村旅游 1 号公路黄岗驿站形成小型驿站等。

3. 桥梁与旅游融合项目

桥旅融合是我国旅游业一种新的创新模式，它将桥梁的交通功能与旅游资源相结合，通过开发与桥梁相关的旅游项目和产品，提升旅游体验的同时推动地方经济发展。这些桥梁不仅连接山川，更成为旅游热点，通过高空蹦极、桥梁博物馆等项目吸引游客，丰富旅游内容。桥旅融合还带动了当地民宿、餐饮等产业，提高了居民收入，促进了区域经济的均衡发展。此外，桥旅融合项目通过提升服务质量和品牌建设，增强了中国桥梁的国际影响力，为旅游业的可持续发展提供了新思路。

随着交旅融合的深入发展，桥梁作为交通的重要构筑物，也逐步从公路主体慢慢向旅游载体衍生，涌现出一批具有交旅融合特色的桥梁。

从桥梁特有的建筑美学、创新的工程技术和历史价值出发，桥梁成为吸引游客的重要目的地，如港珠澳大桥、贵州北盘江大桥、重庆两江大桥、重庆千厮门大桥、重庆东水门大桥、杭州湾跨海大桥、新疆果子沟大桥、海南太阳河景观桥、东莞滨海湾大桥、大连星海湾大桥、舟山西堠门大桥、武汉鹦鹉洲大桥、上海南浦大桥等。

从桥梁与旅游融合的多样性和创新性出发，桥梁不仅提升了旅游体验的品质，也为地区经济和社会发展带来了积极影响。如贵州坝陵河大桥、平塘特大桥（天空之桥），湖南矮寨大桥，重庆朝天门大桥，湖南张家界大峡谷玻璃桥，海南正门岭桥，湖南吉首美术馆，湖北恩施四渡河大桥等。

（四）旅游公路推动成效初显

1. 交旅融合"高度"前所未有

交旅融合发展是交通、旅游行业转型发展的新趋势，是高质量发展的新要求，受到党和国家高度重视。在中共中央、国务院印发的《交通强国建设纲要》《国家综合立体交通网规划纲要》等纲领性文件中，明确提出要"深化交通运输与旅游融合发展，推动旅游专列、旅游风景道、旅游航道、自驾车房车营地、游艇旅游、低空飞行旅游等发展""完善公路沿线、服务区、客运枢纽、邮轮游轮游艇码头等旅游服务设施功能，支持红色旅游、乡村旅游、度假休闲旅游、自驾游等相关交通基础设施建设，推进通用航空与旅游融合发展"等要求。这既对交旅融合发展寄予了厚望，也为交旅融合发展指明了方向和路径。

许多省（区、市）高度重视，省委、省政府主要领导亲自挂帅，对交旅融合发展提出重要指示和要求。部分市、县党委、政府先后出台一系列支持政策和措施，主要领导亲自谋划、亲自推动，创新开展交旅融合实践取得显著成效，且逐渐形成了"政府主导、部门联动、乡镇参与"的工作机制。交旅融合发展已经成为省、市、县党委政府推动高质量发展的重要切入点。如安徽省交通运输厅针对皖南交旅融合强国试点项目，给予美丽公路建设每公里100万元的资金补助；试点单位之一的六安市每年对试点项目给予2000万元的补助，通过以奖代补的形式调动县区的积极性。四川省于2024年4月印发《四川省普通公路旅游化改造项目"以奖代补"实施方案》，提出按照省政府办公厅印发的"大峨眉""大香格里拉""大九寨"交旅融合方案，对验收合格的旅游化养护性改造项目，采取"以奖代补"方式，参照国省道中修80万元/公里（三州地区90万元）的补助标准，予以激励。

2. 交旅融合"力度"全面增强

工作势能已转化为强大的工作动能，多维度融合发展的合力空前强大。一是部门合力全面增强。部分省（区、市）不同部门间常态化沟通交流机制已全面建成。如四川省、新疆维吾尔自治区、福建省、安徽省等多数省（区、市）已实现交通、文旅、林业等多部门共同推进交旅融合的良好局面。二是省市县合力全面增强。如安徽省厅在深入调研的基础上，全面了解市县试点工作诉求，明确试点指导单位，协调解决实施过程中的问题；制定政策，投入真金白银支持旅游风景道等交旅融合项目建设；编制技术指引和指导意见，指导试点工作有序开展；组织经验交流，加强试点单位互学互鉴。市县交通部门主动作为，抓好试点项目落地实施。三是跨区域合力全面增强。如皖浙两省（区、市）携手打造新安江沿线"皖浙1号风景公路"。黄山与浙江衢州、福建南平、江西上饶四市联合打造95号联盟大道，共同编制旅游交通概念性规划，实现一个品牌、一个标识、一个风格的统一，搭建"一码游"智慧旅游平台，共同谋划了100个旅游产品套餐，创造了区域交旅融合合作的新范式。四是政府和市场合力全面增强。坚持有为政府、有效市场相结合，充分尊重市场规律，强化"双招双引"，广泛吸引社会资本参与交旅产品开发。如安徽省六安市霍山县依托大别山国家风景道，加大招商引资力度，推动重大项目建设，霍山大峡谷漂流、陡沙河温泉小镇、六万情峡等一批景区成为县域旅游发展的金字招牌，获得游客广泛赞誉。2021年，在疫情等不利条件下，霍山县旅游发展逆势增长，实现年接待游客突破900万人次，旅游综合收入年均增长4.4%。

3. 交旅融合"广度"大幅扩展

交通运输是旅游业发展的基础支撑和先决条件，目前，我国已经进入交旅融合的3.0阶段，也就是全面融合发展的时代。各省（区、市）推进交旅融合工作以来，交旅融合的广度和深度正全面拓展、大幅提升。从交通领域自身来看，交旅融合由连接旅游景区的末端网络拓展为公、铁、水、空大交通体系建设，一些地区"快进慢游"交通网络已全面构建。从"交通+"来看，交通与旅游、文化、电商、生态、产业融合越来越广泛，交旅融合已成为区域经济发展大系统中的一个重要板块。如安徽省宣城市泾县依托皖南川藏线，在两侧发展精品民宿、农家乐近500家，形成"交通+旅游"良性互动发展格局。金寨、霍山、舒城县在建设旅游大道的同时，沿线打造特色小镇，"鲜花小镇""鱼香小镇""茶香小镇""温泉小镇""天麻小镇"入选全省首批特色旅游名镇。

4. 交旅融合"亮度"不断提高

江苏溧阳1号公路是新晋的网红打卡地，这条公路连接了许多风景区，沿途自然景色优美，被评为首批江苏省旅游风景道。河北张家口草原天路如今已成为家喻户晓的网红打卡点。内蒙古达达线被称作中国"66号公路""草原天路"，被评为"此生必去的中国最美8条自驾线路"之一。安徽省宣城市皖南川藏线从一条不知名的农村公路一跃成为知名的网红打卡点，抖音话题累计播放量达1.4亿次；大别山旅游通道荣获2021年度国际道路联合会全球道路成就奖；金寨县梅汤路、泾县小岭路荣获"全国十大最美农村路"称号等。2024年5月，评选确定10条农村公路为2023年"十大最美农村路"（表2-4），陕西省汉中市佛坪县两大路（两河口至大坪峪风景区）等5条农村公路为2023年"我家门口那条路——最具人气的路"。

表 2-4 2023 年"十大最美农村路"等名单

序号	项目名称
2023 年"十大最美农村路"名单	
1	内蒙古自治区赤峰市翁牛特旗乌丹至白音套海生态旅游产业路
2	四川省甘孜藏族自治州色达县五色海旅游环线
3	陕西省渭南市富平县金栗山至张桥镇（美原镇至杨尧段）
4	新疆维吾尔自治区阿克苏地区温宿县托峰天路 （G314 线 K969+660 岔口—塔格拉克牧场）
5	辽宁省大连市普兰店区快二线
6	重庆市铜梁区铜梁乡村振兴西郊示范片公路
7	浙江省丽水市龙泉市西独线
8	山东省烟台市莱阳市莱高线
9	湖南省长沙市长沙县青山铺—开慧红色旅游专线
10	河北省邯郸市武安市白云大道（活水—柏草坪）
2023 年"我家门口那条路—最具人气的路"名单	
1	陕西省汉中市佛坪县两大路（两河口至大坪峪风景区）
2	甘肃省定西市渭源县张家湾至渭河源景区旅游公路
3	山西省晋城市陵川县太行一号旅游公路（上上河至玛琅山段）
4	浙江省台州市仙居县环神仙居旅游公路
5	广西壮族自治区桂林市阳朔县遇龙河旅游公路 （骥马至工农桥乡村公路）

第三章

旅游公路发展机遇与挑战

一、旅游公路主要发展机遇

（一）国家发展新战略和新格局带来的发展机遇

一是新质生产力发展带来的机遇。新质生产力是以科技创新为主导，推动新技术、新模式、新产业、新业态、新领域和新赛道的发展，以实现高效能、高效率和高质量的生产。推动交通与旅游融合发展，是交通运输和文化旅游两个行业新质生产力发展共同的机遇。可重点围绕交旅融合线路建设、服务体系构建、交旅产业培育、品牌打造、体制机制创新等多方面持续发力，打造出一批交旅融合创新业态、新模式、新产品、新线路等。

二是乡村振兴战略带来的机遇。实施乡村振兴战略，是党的十九大作出的重大决策部署，以"产业兴旺、生态宜居、乡风文明、治理有效、生活富裕"为总要求，为实现农业农村现代化指明了发展方向。党的二十大报告提出，发展乡村特色产业，拓宽农民增收致富渠道；统筹乡村基础设施和公共服务布局，建设宜居宜业和美乡村。旅游公路在促进乡村振兴战略中能够发挥得天独厚的作用。

"乡村旅游路""美丽乡村路"成为当前乡村振兴建设的重要举措，为乡村经济发展带来招商引资的热点和促进消费的吸引物。

三是美丽中国建设带来的机遇。"美丽中国"是中国共产党第十八次全国代表大会提出的概念，强调把生态文明建设放在突出地位，融入经济建设、政治建设、文化建设、社会建设各方面和全过程。党的十九大报告提出，要建设的现代化是人与自然和谐共生的现代化，既要创造更多物质财富和精神财富以满足人民日益增长的美好生活需要，也要提供更多优质生态产品以满足人民日益增长的优美生态环境需要。旅游公路是推动美丽中国建设的重要举措。首先，旅游公路是最"美"的公路，除了包括旅游公路自身的形态美和绿色低碳外，还包括沿线的生态美、环境美和文化美，是"美丽中国"形象的最直观代表。其次，旅游公路发展满足了民众对幸福生活的需求，代表了民众的生活之"美"。

四是中华优秀传统文化"双创"发展带来的机遇。《交通强国建设纲要》中提出"推进优秀交通文化传承创新，加强重要交通遗迹遗存、现代交通重大工程的保护利用和精神挖掘，讲好中国交通故事"。"交通遗产"是促进交通运输与产业融合、旅游融合的黏合剂，现代交通运输体系则是"交通遗产"活化利用的载体和催化剂，二者形成共建共赢的良好格局。

（二）旅游行业新趋势和新需求带来的发展机遇

经过 20 年的蓬勃发展，中国的旅游业进入了一个全新的发展阶段。新的消费人群、多元的流量渠道、新的发展模式、新的产业链条等均需要更加完善的交通设施提供基础支撑。

一是旅游信息获取和传播方式发生转变。重金打造的景区景点越来越难以形成市场热度。草原天路、独库公路、318公路等民间IP的出现，体现出新时代旅游行业"信息自由"的新趋势和新特征。

二是旅游行为逻辑和组织模式发生转变。自由行、自助游、自驾游成为当前旅游市场的绝对主流，旅游目的地、旅游度假区、旅游线路成为旅游行业的热词和新发展的热点。旅游景区景点不断降级，成为旅游廊道、旅游风景道、旅游公路的构成要素。

三是游客消费内容和价值取向发生转变。近年来，开放式景区、旅游度假区逐渐成为新兴的旅游形态，并且空间范围有不断扩展的趋势。旅游公路作为新形态开放式旅游目的地，适应旅游由通过垄断旅游资源转向通过提供服务获得收益的模式转变，极大地激发了地方旅游经济的活力。

四是旅游产品类型和服务供给发生转变。近年来，旅游休闲已逐步走向生活化、全民化，自驾、徒步、骑行、露营等已然成为深受大众喜爱的新生活方式。随着旅游进入大众旅游时代，其"产业流"不断涌现，旅游风景道、自驾游线路、旅游驿站、旅居车露营地等新形态旅游产品成为发展的热门之选。

五是旅游体验的过程和目的发生转变。旅游的"体验流"进入沉浸时代，旅游不再仅仅局限于对目的地的观光，而是全过程的参与和情绪价值的获得。现阶段，旅游列车、邮轮旅游、房车游、自驾游、旅游服务区、公路驿站等交通方式和设施越来越普及，出行过程成为旅游体验的重要内容或主要内容。

（三）交通行业新动能和新模式带来的发展机遇

旅游业是国民经济重要的战略性支柱产业，交通运输是旅游业发展的基础支撑和先决条件。近年来，我国综合交通运输体系不断完善，交通与旅游融合发展已经成为旅游业转型发展的新趋势。

一是交通强国建设，为旅游公路发展提供了坚实的政策基础。2019年11月，交通运输部印发《交通运输部关于开展交通强国建设试点工作的通知》，其中将"交通与旅游等产业融合发展"作为第22个试点任务类型纳入交通强国试点工作。截至2022年9月30日，全国范围内的69个交通强国建设试点单位中有19家单位组织开展了"交旅融合"试点任务。

二是综合立体交通网建设，为旅游公路建设提供了规划依据。2021年，中共中央、国务院印发《国家综合立体交通网规划纲要》，更加详细地提出了推动交通运输与旅游融合发展的具体措施，尤其是提出"国家旅游风景道、旅游交通体系等规划建设"，对未来旅游公路建设提出了更高的要求，同时也为规划提供了参照依据。

三是推进旅游公路高质量发展，为旅游公路体系建设提供了路径。2024年，交通运输部办公厅、文化和旅游部办公厅联合印发《推进旅游公路高质量发展五年行动方案（2023—2027年）》。该方案提出旅游公路设施建设提质、旅游公路服务水平升级、旅游公路路域环境优化、旅游公路融合发展创新、旅游公路技术支撑强化五大行动，并通过推选一批旅游公路和自驾游精品线路，形成一系列可复制、可推广的先进经验和典型成果，推动公路与旅游融合高质量发展。

四是加快推进运游融合，为旅游公路提升服务质量提供了支撑。2023年，交通运输部办公厅、文化和旅游部办公厅联合印发《关于加快推进城乡道路客运与旅游融合发展有关工作的通知》，从提升交通网络衔接效能、提高交通网络通达深度等方面作出具体部署，为推进城乡道路客运与旅游深度融合按下"加速键"。

五是路衍经济建设，为旅游公路服务社会经济发展提供理论支撑。路衍经济产业开发聚焦"三大维度"，围绕"八大方向"。"三大维度"指的是公路沿线资源开发、公路空间场地资源开发、公路资源市场开发；"八大方向"主要包括交旅融合、通道物流、能源材料、"服务区+"、智慧交通、先进制造、乡村产业和其他业务。

六是绿色公路建设，为旅游公路基础设施绿色发展提供技术支撑。实施绿色公路建设是交通运输行业贯彻创新、协调、绿色、开放、共享的新发展理念，支撑交通强国建设，落实"四个交通"发展要求的重要举措。"拓展公路旅游功能"作为五大专项行动之一，是绿色公路推进实施的重要内容。

二、旅游公路发展新模式

随着交通运输业和旅游业迅速发展，交旅融合发展的新趋势日益凸显。正处于后疫情时代的旅行者，新时代的施行者提出了对出行安全及品质的更高要求。同时，人们的出行方式也在悄然发生变化，公路逐渐成为一种新的旅游体验方式。当前，随着旅游公路建设日趋成熟，基本形成以下发展模式。

（一）"公路+旅游"的路域旅游开发模式

通过将旅游公路沿线的各种旅游资源、旅游线路和旅游产品进行有机串联，同时推动旅游公路沿线产业的转型升级和提质增效，加强公路沿线的旅游开发和管理，将原有的交通通道改造为旅游通道、自驾游道等，提升公路的服务设施水平，打造具有旅游功能的公路系统，以满足游客的多元化出行需求。

（二）"公路+服务设施"的旅游综合体开发模式

依托公路特色驿站、服务区等服务设施，将旅游休闲、文化传播、商品展销、高端食宿等功能与交通服务设施融合，使其不再只是解决观景、停车、加油、餐饮、卫生间等基本功能需求的场所，而是变成一个个交旅融合综合体，甚至成为旅游目的地，为游客营造全方位的旅游体验。

（三）公路旅游化发展模式

旨在将交通道路与周围的自然景观、人文环境相结合，成为展示沿线自然风光、人文景观的重要载体。通过科学规划和设计，将旅游公路廊道绿化美化，打造特色化生态旅游公路，同时配套旅游驿站、观景台、自驾营地等服务设施，为游客提供独特的旅游体验。它不仅是一条交通道路，更是一个旅游目的地，使游客在行驶途中，可以欣赏到美丽的风景，体验到丰厚的文化，享受到便捷的交通基础设施服务。

为满足日益多样化的旅游需求，推动交通运输业和旅游业的深度融合发展，旅游公路的发展正在不断创新和丰富，未来旅游公路发展模式将逐渐向主客共享、融合发展、品质出行、品牌创新、科技智慧等方向多元化发展。

1. 主客共享

主客共享即依托共享经济理念，在旅游公路发展中实现主体与游客之间资源共享和互利共赢。旅游公路的建设和发展要同时考虑到本地居民和游客的需求，实现资源共享、设施共建、利益共享的目标。将旅游公路打造成一个连接当地社区和游客的桥梁，更好地促进区域的经济发展和文化交流。

在主客共享趋势下，旅游公路不再是一条交通线路，而是一个集交通、旅游、休闲、文化等多功能于一体的综合性空间。它不仅能满足游客的出行需求，提供安全、舒适、便捷的旅游体验，还要兼顾本地居民的生活需求，为其创造一个宜居、宜业、宜游的生活环境。同时，在建设过程中，要充分遵循以人为本、资源整合、设施共建、利益共享等原则。

2. 融合发展

融合发展即将旅游公路与周边产业、文化、生态等资源进行有机融合，形成一种多元化、综合性的发展模式。通过整合各类资源，提升旅游公路的综合效益和吸引力，推动区域旅游业的快速发展。

在旅游公路建设和运营过程中，涉及多个行业和领域的协同配合，例如道路建设、旅游规划、交通管理、文化传承等。各行业之间需要加强沟通协调、形成合力，以保障旅游公路的顺利建设和运营。同时，旅游公路的建设和使用也催生了相关产业的发展，如沿线风景名胜区、度假村、农家乐等旅游项目的兴起，以及交通、物流、餐饮、住宿等相关产业的发展，形成了产业链上下游的联动效应。

3. 品质出行

旅游公路在规划、设计、建设和管理过程中，以提供高品质、舒适、安全的旅游出行体验为核心目标。强调旅游公路的设施完善、服务周到、环境优美，以及旅游体验的整体性和连贯性，旨在满足游客对高品质旅游出行的需求。

在品质出行趋势下，旅游公路的规划建设会更加注重游客的旅游需求和出行习惯，以提供最佳的观景、游览和休闲体验为目标，合理安排路线的起止点、沿途景点和休息区；设施建设方面将更加注重游客出行的舒适性和便利性，包括道路的平整度、安全性，以及沿途观景台、停车场、休息区、卫生间等设施的完善程度和分布的合理性等。

4. 品牌创新

在旅游公路发展过程中，着重打造独特的品牌形象和文化内涵，提升品牌价值和知名度。通过创新和打造独树一帜的品牌形象，旅游公路能够有效增强市场竞争力和吸引力。通过"走出去、引进来"的品牌经营模式提升企业经营效益。筑巢引凤吸引品牌，打破区域的条块分割限制，全面提升旅游公路的经营水平。

通过创新营销策略和宣传手段，塑造具有独特魅力和个性、富有影响力和号召力的品牌形象，吸引更多游客关注和参与，提升品牌知名度和市场份额，实现可持续发展和经营效益的提升。这种品牌创新模式将为旅游公路的发展注入新的活力和动力，使其成为旅游业中的翘楚和风向标。

5. 科技智慧

在交旅融合背景下，旅游公路将结合新质生产力应用，融入大数据挖掘、AI、云计算、BIM、5G等先进技术，建立具备地域特色的出行诱导服务体系，提供伴随式出行信息。智慧服务区、交旅融合建设等创新模式也将成为旅游公路未来发展的重要方向。

三、旅游公路发展面临挑战

随着当前国内的现代化建设和经济发展，旅游已经成为多数人的一种常态化生活方式。公众旅游出行需求持续高涨，消费者对旅游体验要求也不断提高，他们越来越注重旅游的个性化和定制化。自驾游作为一种自由度较高的旅游方式，更容易满足消费者的个性化需求。在未来，自驾游市场将更加注重提供个性化和定制化的服务，满足不同消费者的需求和喜好。在交通与旅游融合发展已然成为时代发展趋势的背景下，旅游公路作为促进交旅融合发展的重要载体，对于深化交通运输供给侧结构性改革、提升旅游交通服务品质、带动区域经济发展都具有重要意义。

作为新疆自驾游的必玩之路，独库公路串联了多个知名景区。但随着暑期高峰旅游旺季的到来，不少游客还没到景区，就被堵在了独库公路上。甚至独库公路因为交通太堵还登上了热搜榜。旅游公路既是一条景观路，更是一条幸福路。但一旦它与"堵"字放在一起，再多的幸福都被堵没了。

根据不完全统计，我国已有27个省（区、市）陆续开展了旅游公路建设，包括云南龙瑞公路、大别山国家风景道、环京津冀千里草原旅游大道、海南环岛旅游公路、入藏公路、独库公路等；其中河南、山东、浙江、福建、江西、贵州、山西等7个省（区、市）出台了旅游公路建设发展的指导意见。

尽管旅游公路的建设取得了一定的发展，但整体上还处于起步阶段，与推动交通运输与文化和旅游相互促进、联动发展、转型升级的目标相比，还存在明显差距。在旅游公路的建设方面，还存在一定的问题，发展面临着诸多挑战。

（一）政策协同不充分

"公路＋旅游"是一种新兴的发展模式，它将传统的公路交通与旅游业紧密结合，通过提升公路的旅游功能和服务水平，促进旅游业的发展，同时也为公路交通带来新的增长点。为了实现这一模式的可持续发展，需要强有力的相关政策支持。

近年来，国家和行业出台了一系列与旅游公路有关的政策，也获得明显成效。但由于旅游公路涉及交通、发改、文旅、农业农村、自然资源、城建、金融等多个行业、部门，不同行业、部门在制定政策和标准时缺乏相互之间的沟通，政出多门，政策的协同性有待提高，未能形成合力。

跨部门出台的政策，为了兼顾不同行业、部门之间的要求，寻求最大公约数和平衡点，导致政策内容普遍较原则，宏观引导有余，微观支撑不足，缺乏有力的抓手来落实政策。这种政策协同不充分的状况，严重阻碍了旅游公路行业的有序、高效发展，使得资源难以得到优化配置，同时创新活力受到抑制，极大地影响了旅游公路行业发挥其应有的综合效益。

因此，政府需要出台相关政策，鼓励、引导并保障旅游公路项目的发展，以促进旅游公路行业发挥其更大的综合效益。

（二）机制要素不完善

在旅游公路行业中，机制要素的不完善成为制约其发展的关键因素之一。在管理体制方面，存在职责不清、多头管理的问题，交通、旅游、国土等多个部门在旅游公路事务上各自为政，不同部门可能有不同的利益和优先考虑，难以形成统一的协作机制，缺乏有效的协调联动机制，导致决策效率低下、项目推进缓慢。在运行机制上，缺乏灵活有效的资源配置机制，无法充分调动社会资本和各方力量参与旅游公路建设的积极性，资金、技术、人才等关键要素的投入受到限制。监督机制不够健全，对旅游公路建设质量、后期管养等环节的监督力度不足，难以确保项目的长期稳定运行。此外，激励机制的缺失使得创新和优秀实践难以得到充分的鼓励和推广，导致行业发展活力不足。产权制度和市场准入制度等方面也存在一定漏洞和不明确之处,影响了市场主体的参与热情和规范运作。这些机制要素的不完善,严重阻碍了旅游公路行业向高水平、可持续方向发展的步伐。

目前,较常采用的方式是由地方政府牵头,协调相关部门,建立由地方政府牵头,交通和旅游部门共同参与,多部门协同联动的旅游公路建设管理机制。该机制由交通部门为主组织实施,或成立独立的企业法人,整合公路设施、沿线旅游、土地、产业资源等进行综合开发建设。但由于运行机制、监督机制、激励机制、产权制度和市场准入制度等多种机制不完善的制约,统筹推进困难多,因此建议在国家及行业层面制定有关机制,鼓励地方及团体组织实施,开展示范、引导旅游公路的建设。

(三)技术创新供给不足

当前,旅游公路的发展面临着一个突出问题——技术创新供给不足。在智能化技术蓬勃发展的大环境下,旅游公路在信息采集、实时反馈、交通诱导等智能技术应用方面明显滞后。例如,先进的车路协同技术在旅游公路上的推广极为缓慢,无法满足游客对高效出行和便捷体验的需求。

在环保技术方面,尽管可持续发展理念已深入人心,但适用于旅游公路的绿色施工技术、生态修复技术等创新成果供给匮乏,导致旅游公路建设对生态环境的影响未能得到有效控制。例如,一些旅游公路在建设过程中缺乏对生态敏感区域的针对性保护技术,造成了一定程度的生态破坏。

此外，新材料技术在旅游公路中的应用也存在不足。高耐久性、低维护成本的新型路面材料研发和应用进展迟缓，使得旅游公路的使用寿命和维护成本面临挑战。这不仅影响了游客的出行体验，也给后期的管理养护带来沉重负担。

总之，旅游公路技术创新供给不足，严重制约了旅游公路行业的高质量发展，使其难以充分发挥对旅游产业的推动作用。这不仅限制了旅游资源的深度开发与整合，也阻碍了游客出行品质的提升，对整个旅游经济的可持续发展带来不利影响。

（四）资源保障与管理运营制约突出

在国家倡导生态文明及加大生态环境保护要求的大背景下，旅游公路建设在土地、环保、资金方面不仅面临着与普通公路建设同样的制约，而且由于旅游公路特殊的功能要求，其建设所涉及的风景名胜区、自然保护区、森林公园、水源地等生态环境制约因子更为普遍且突出，立项难、建设难、运营难的现象普遍存在。

1. 建设与养护资金不足、经济效益偏低

在建设与养护资金不足方面，从我国已开展的旅游公路建设来看，大部分旅游公路一般为低等级公路。国省干线及以下等级公路作为非收费公路体系的主体，建养资金主要来源于中央和地方各级财政，建设以及后期运营管理养护均需要大量的资金投入。2019年，财政政策的收紧对基础设施建设影响显著，加之大部分真正意义上的旅游公路属于技术等级偏低的县乡道甚至村道，在目前公路建管养模式下，普遍面临着建设、养护资金不足的挑战。具体体现在以

下几方面：

一是中央税费政策不稳定。车购税面临税基不稳、政策存在不确定性。一方面，我国新能源汽车快速发展，产销量、保有量位居世界首位，已逐渐成为主流，新能源车车购税免征政策将明显减少；另一方面，随着国家财税体制改革的推进，车购税征收和使用政策具有很大的不确定性。燃油税面临税基不稳、收支脱钩。新能源汽车的大规模推广直接影响到燃油税的税基，过去一段时间内成品油消费税税率不断提高，但相应增加的收入并未考虑公路养护资金不足的问题，加之我国公路里程逐年增加，导致旅游公路养护资金供需矛盾日益突出。收费公路政策调整面临不确定性。经过三十多年的发展，收费公路也面临收支缺口日益扩大、区域性债务风险凸显、部分到期公路债务无法清偿等问题。由于收费公路政策涉及面广、影响大，《收费公路管理条例》修订虽已经过2015年和2018年两次公开征求意见，但仍未出台。

二是地方财政资金供给困难。地方财力明显减弱。受经济下行压力及减税降费等政策影响，地方政府财政收入增速下降。据估算，旅游公路60%至70%的支出责任在市县政府。市县财力和融资能力的不断转弱，对旅游公路等经济效益偏低的交通基础设施投入产生很大影响，"十四五"期及未来一段时期，地方投入将难以持续。一般债券规模有限。近年来，随着坚决遏制新增地方政府隐性债务，牢牢守住不发生系统性风险的底线等配套政策措施的不断出台，地方政府可发行的一般债券规模本就不多，用于旅游公路的就更加有限。地方专项债资金使用受限。国家持续强化专项债券的风险管理，加之地方政府的财力紧张、财政资金配套能力减弱等因素影响，旅游公路通过发行专项债券筹资难度不断加大，已出现部分地方旅游公路专项债项目真实投资能力不足，地方政府为避免风险放弃发债的情形。

三是社会融资渠道收窄。融资平台清理严格。2017年以来相继出台的《关于进一步规范地方政府举债融资行为的通知》（财预〔2017〕50号）、《财政部关于坚决制止地方以政府购买服务名义违法违规融资的通知》（财预〔2017〕87号）及《中共中央国务院关于防范化解地方政府隐性债务风险的意见》（中发〔2018〕27号），导致部分旅游公路项目原来采用的委托代建、带资承包及购买服务等方式，由融资平台或建设施工企业代为举债等融资方式无法继续，大大冲击了传统的筹融资模式。近年来公路PPP项目持续放缓，入库的PPP项目大多被清理，导致旅游公路PPP项目近乎停滞。市场化融资受限。一方面由于收费公路政策调整面临不确定性，某种程度影响了社会资本投资高速公路的预期。另一方面，由于旅游公路市场化融资的条件不成熟，市场和专项债券等融资方式将进一步受限。在经济效益偏低方面，旅游公路一般为低等级公路，一方面其基础设施建设及后期运营管理养护均需要资金投入；另一方面建设旅游公路的目的之一是带动沿线经济发展，但由于宣传力度、地域限制等因素的影响，现阶段旅游公路对区域产业发展带动力不够明显，单纯依赖使用者付费这一传统模式，已难以有效支撑道路本身建设、附属设施完善以及运营管理的费用支出投入产出难达预期。旅游公路建设与养护资金筹措较为困难，资金保障问题日益凸显。究其原因，依靠中央和地方各级财政为资金来源建设的旅游公路，一般未真正从市场和游客的角度出发，未探索公路沿线设施收益分成、沿线资源开发收益共享等政策的可行性；未结合公路及其周边资源条件，开展服务区和沿线土地综合开发利用；未发展路衍经济和交旅融合，无法满足后期运营的需求，来增加收入用于弥补公路建养的资金缺口，旅游公路经济效益整体偏低。

2. 项目前期工作周期长，土地要素不齐备

旅游公路是一种不同于以往公路项目的廊道概念，包含路内和路外两个系统，涉及公路本身及其路域周边衍生资源，属于新型复合功能交通设施的建设范畴。

旅游公路建设涉及交通、发改、文旅、农业农村、自然资源、林草、水利等多个政府部门，在项目选址阶段，建设项目设计单位应当提前与自然资源主管部门对接，将线路占地比选方案套合县级土地利用总体规划数据库、永久基本农田数据库，把避让禁止建设区和生态保护红线、最大限度减少永久基本农田占用作为项目建设方案比选的重要考量，以降低建设项目不符合土地利用总体规划产生的困扰。其中，公路建设项目占用禁止建设区、生态保护红线的情况更为复杂，不仅涉及自然资源行政主管部门，还可能涉及环境保护、水务等行政主管部门，必须符合相关部门的具体规定，这就导致项目前期工作周期长。

近年来，随着上级部门对耕地保护政策的收紧，在国家倡导生态文明及加大生态环境保护要求的大背景下，除了国家级重点建设项目可以获得审批外，旅游公路建设在占用耕地、林地方面处于高压状态，相关政策约束愈加严格。特别是2021年自然资源部等四部门联合印发了《关于严格耕地用途管制有关问题的通知》（自然资发〔2021〕166号）文件后，大大掣肘了旅游公路的规划和建设，在旅游公路建设用地土地要素不齐备方面存在以下矛盾。

一是公路建设调整审批难。根据《基本农田保护条例》第十五条规定，国家能源、交通、水利、军事设施等重点建设项目选址确实无法避开基本农田保护区，需要占用基本农田，涉及农用地转用或者征收土地的，必须经国务院批准。按照条例规定，虽然交通建设项目可以在国务院批准的情况下征用基本农田，但区级层面的建设项目很难获得国务院批准。因此，应遵守切实避让永久基本农田和生态保护红线，不占和少占耕地，采取先进的节地技术和节地模式，最大限度地减少土地占用。

二是生态环境制约。由于旅游公路特殊的功能要求，其建设所涉及的风景名胜区、自然保护区、森林公园、水源地等生态环境制约因子更为普遍且突出，立项难、建设难、运营难的现象普遍存在。总的来说，环保要求对旅游公路的发展提出了更高要求，包括生态保护、资源节约、低碳发展等多方面。根据党的二十大及党的二十届三中全会精神，国家当前正着力聚焦建设美丽中国，加快经济社会发展全面绿色转型，健全生态环境治理体系，推进生态优先、节约集约、绿色发展，促进人与自然和谐共生。交通运输作为国民经济的基础性产业，必须全面贯彻落实绿色发展理念，以支持生态文明建设的目标。这包括强化生态保护与修复，削减污染排放总量，促进资源节约集约利用，注重节能和低碳发展，不断提升交通运输绿色发展水平。交通运输部发布的《绿色交通"十四五"发展规划》，强调了绿色交通的重要性，要求在交通基础设施建设中注重生态环境保护，推动交通与自然和谐发展。这包括加快推进绿色低碳发展，降低污染物及温室气体排放强度，注重生态环境保护修复。这些要求不仅是旅游公路建设和运营的挑战，诚然也是推动其可持续发展的机遇。

3. 长效管养难度大、可持续发展程度低

作为一种跨界融合的新业态，旅游公路建设实践中普遍存在"重开发轻保护、重建设轻养管、重人工轻自然、重交通轻拓展、重实体轻文化、重表面轻内涵"的现象。这些现象是由一系列体制机制、政策、资金及技术等方面制约造成的，导致旅游公路的长效管养难度大、可持续发展程度低。

从目前旅游公路的建设及使用效果来看，国内大部分旅游公路的等级较低，缺乏完善的基础设施，同时受到车辆荷载的作用，进一步对公路的安全性造成威胁。因此，相关人员在公路建成后，需要不断地完善公路管理与养护工作，定期检查公路的路面使用情况。旅游公路长效管养难度大、可持续发展程度低，这主要体现在以下几个方面：

一是预算有限。旅游公路的维护需要大量资金投入，包括路面修复、标志更新、道路清理等。然而，大部分旅游公路为免费公路，部分地域财政的财力有限，养护管理资金往往无法满足旅游公路的需求，最终导致预期的管理养护目标与现实情况存在较大的出入，一些旅游公路的维护不到位。

二是环境因素制约。旅游公路通常位于自然环境中，易受到自然灾害和气候变化的影响。例如，山区公路可能面临山体滑坡、泥石流等风险，海滨公路可能受到海洋侵蚀。这些环境因素增加了维护的难度。此外，维护旅游公路需要专业的工作人员进行监管和维护工作。然而，招聘和培训合适的人员存在一定的困难，特别是位于偏远地区的旅游路线。

三是旅游公路建设力量不足，缺乏完善的公路养护管理机制。很多地域旅游公路建设普遍存在建设力量不足、管理经验较少的情况，受到建设力量不足的制约，相应的安全隐患问题也较为突出。工作人员在开展后续管理与养护工作的时候，受到多方面因素的限制，导致无法有效地开展工作。另外，当前重建轻养的现象比较普遍，在实际养护与管理工作中，工作人员路政巡查的范围较小，且工作效率较低，无法及时发现公路路况存在的问题。相对而言，较缺乏完善的公路养护管理机制。

第四章

未来旅游公路发展重点方向

一、建立部门联合协同推进工作机制

在国家层面，建立交通运输部相关司局与文化和旅游部相关司局的联合工作机制，共同商定并印发相关政策和标准规范指引，针对国家级旅游公路共同组织专家开展"评估—认定—组织—管理—后评价"等工作，定期对公路与旅游融合发展过程中存在的突出问题进行对接和解决。

在省级层面，组建由省交通运输厅、文化和旅游厅构成的交旅融合工作专班，共同商定并印发相关政策和标准规范指引，针对省级旅游公路共同组织专家开展"评估—认定—组织—管理—后评价"等工作，定期对公路与旅游融合发展过程中存在的突出问题进行对接和解决。同时，可结合各省、区、市"十五五"时期拟建公路项目，优先在旅游资源密集、自驾游需求集中的区域开展项目试点示范，探索省、区、市级旅游公路建设经验。

在地市层面，组建由市（县）公路局或交通局、文化和旅游局构成的交旅融合联合工作组，定期对公路与旅游融合发展过程中存在的突出问题进行对接和解决。同时，共同推进相关政策和标准规范指引在相应的旅游公路项目落地，在项目中探索旅游公路建设新模式，积累建设和管养经验，典型经验可在旅游交通大会中进行分享和推广。

二、开展国家级旅游公路分级评估认定

（一）构建国家级旅游公路项目数据库

按照"建设一批、申报一批、评估一批、确定一批"的原则，各省（区、市）每年推荐1~3个特色鲜明、代表性强、社会认可度高的高速公路、普通国省道、农村公路项目，或典型服务区、桥梁等节点，将其作为旅游公路的申报项目，形成国家级旅游公路项目数据库。

（二）制定遴选与评估认定标准

制定不同等级旅游公路评估认定标准，初步考虑从旅游公路、高速公路服务区、特色桥梁等角度入手。在评价维度方面，要统筹项目基本要求，公路沿线旅游与景观资源特点、设施、服务、环境、运维及政策等方面的具体评估要求。

（三）开展分级评估认定工作

交通运输部同文化和旅游部，优选公路建设及运营、文化旅游、环保景观、投融资等领域的专业技术人员，组建旅游公路专家团队。一方面，围绕旅游公路规划、设计、施工、运营及宣传等工作开展

全过程指导；另一方面，结合国家级旅游公路评估认定标准，对各省上报的项目开展评估认定工作。

三、完善旅游公路技术标准规范指引

（一）加强标准规范的理论研究

目前针对旅游公路标准制定的研究非常少，主要以研究、借鉴美国等国家的旅游公路（风景道）标准的经验做法为主。未来应在开展旅游公路内涵外延研究的基础上，加强旅游公路标准基本范畴、体系特点、与相关标准的关系等方面的理论研究，为旅游公路标准规范的编制提供强大的理论支撑。

（二）制定旅游公路相关标准体系

目前旅游公路相关标准的制定普遍存在自发性强、统筹性弱的问题，如不同团标立项存在一定的重复，缺乏顶层设计。未来应在统筹分析交通、旅游等相关标准体系构成的基础上，针对旅游公路的发展现状和未来趋势，研究制定包括基础标准、产品标准、建设标准、服务标准、管理标准和相关标准在内的旅游公路标准体系，为旅游公路标准编制的系统化、规范化提供指引。

（三）加强不同行业间标准规范制定的合作

目前除有关旅游公路建设的指导性文件实现了跨部门联合发布外，绝大部分地方标准和团体标准的制定还是以各自行业或部门为主，缺乏行业之间的合作与融合。未来应积极支持和引导交通、文旅、市政、环保等不同行业共同制定旅游公路相关标准规范，充分体现旅游公路交叉性与融合性的特点，形成多部门协同的合力。

（四）力争高层次标准在重点领域的突破

目前交通领域尚无直接与旅游公路相关的国家和行业标准，未来应结合旅游公路发展需求和趋势，优先考虑在行业标准层面制定旅游公路评价与认定规范，实现高层次标准制定的突破，以此为基础向设计、建设等关键领域延伸，逐步实现旅游公路标准供给的高层次化，为全国范围的旅游公路建设提供更为科学、有力的支撑和保障。

四、做好旅游公路品牌及产品开发、营销与推广

（一）旅游公路品牌及产品开发

重构中国公路旅游公共文化品牌属性，借助"公路＋"或"＋公路"的理念，深化对资源的认知，运用目的地思维，聚焦品牌产业联动、品牌平台创新、品牌要素完善、品牌系统耦合。

1. 旅游公路品牌及产品开发策略

全球视野、聚焦趋势。以国际化视角打造旅游公路品牌，制定旅游公路产品开发策略，深入研究和借鉴国际上知名的旅游公路及其产品开发经验；聚焦人群需求及行业发展趋势，打造典型的交旅品牌，持续创新旅游产品，以适应持续增长的旅游市场需求。

审视区域、明晰价值。深入理解和准确把握地域及路线特色、资源优势和市场需求，为品牌塑造及产品开发奠定坚实基础；精准筛选出独具特色、稀缺珍贵且具备市场潜力的资源，进行细致评价与分类。明确产品价值定位，提升产品附加值。

立足市场、定制产品。深入了解市场需求，把握游客的多元化需求，为游客提供独特且满意的旅游产品。结合交旅特性，积极探索定制产品的开发。

夯实基础、构建模式。通过主题化、精品化、多元化和智慧化的开发模式，推动交旅品牌及产品的创新发展，为旅游业的发展注入新活力。

2. 拓展旅游公路产品类别

旅游公路产品将持续激发传统业态新动能，为交旅融合赋能；新兴业态会随着交旅品牌和产品展现新活力；交旅融合将持续为业态融合新赛道提供成长空间。旅游公路产品类别将在以下方面得到拓展：

（1）融合文化元素，打造文化旅游公路。以文化遗产、文化体验、文化创意等为主题，展现中国多元文化和精神文明建设成就，提升旅游公路的文化内涵。

（2）注重生态保护，打造生态旅游公路。以生态景观、生态体验、生态保护等为主题，展现中国地质风貌和生态文明建设成就，促进旅游公路的可持续发展。

（3）结合科技创新，打造智慧旅游公路。利用大数据、人工智能、物联网等技术，提升旅游公路的智慧化水平，为游客提供便捷、智能的旅游体验。

（4）深化国际合作，打造国际旅游公路。加强与其他国家和地区的合作，共同打造国际旅游公路，促进旅游资源共享和互通。

3. 促进旅游公路服务业态产品化转化

交旅产品的发展将促进三大产业融合发展，推动旅游公路沿线的农业、工业、商业、服务业等产业融合发展，形成旅游产业链，促进旅游与文化融合发展和旅游公路服务业态产品化转化。今后需要在以下几方面进行加强：

需求分析与定位。对目标市场需求进行深入分析，明确目标客户群体，以便精准定位产品和服务。

产品创新与差异化。结合市场需求和自身优势，塑造独具特色的品牌形象，并提供卓越的服务体验，以满足客户的期待和需求。

服务标准化。制定明确的服务准则和操作流程，适应大规模推广与销售的需求，确保服务的统一性与高效性。

合作伙伴生态系统。积极寻求并建立与旅游公路服务领域相关的合作关系，涵盖旅行社、酒店等关键行业，旨在提供更为全面和丰富的旅游服务体验。

线上线下融合。充分利用线上平台和线下实体店的优势，开展营销和推广活动，提高品牌知名度和影响力。

质量控制与持续改进。在产品化转化过程中，需要注重质量控制，并不断收集客户反馈，持续改进产品和提升服务。

（二）旅游公路品牌及产品营销与推广

旅游公路品牌文化符号（IP）挖掘与形象包装。在品牌IP挖掘中探寻旅游公路的历史渊源、关注其独特的地域特色、整合周边的自然景观和人文风情。运用视觉识别系统、故事营销和互动体验等手段进行形象包装，打造独具特色的旅游公路品牌形象，吸引更多游客前来体验。

精准定位目标市场。在品牌策划初期，深入研究潜在客户的需求、兴趣和行为习惯，为品牌找到最合适的定位；通过市场调研和数据分析，了解目标市场的消费特点、旅游偏好以及购买决策因素，从而制定更具针对性的营销策略，如精准的广告投放、社交媒体营销等，提高品牌的知名度和影响力。

构建品牌联盟，形成跨界合作，破圈出发。通过协同合作、资源共享的方式，各方共同策划营销策略，实现客户信息的互通有无，以提高服务品质，为消费者提供卓越的旅游体验。积极寻求与其他产业的融合，打破行业间的界限，促进资源的优化配置和互补。同时，充分运用互联网、大数据等现代科技手段，实施精准营销策略，提高营销效率。

持续评估与改进。定期培训旅游服务人员，提高服务水平，确保游客满意度；建立游客反馈机制，收集游客意见，持续改进旅游产品和服务；对旅游公路品牌的发展情况进行监测和评估，以适应市场变化和游客需求。综合上述各方面的策略，持续创新并注重游客体验。

五、构建旅游公路建管养运长效机制

（一）强化旅游公路建管养运全过程的旅游产品思维意识

旅游公路不同于常规公路，建设运营思维应从基础设施建设向旅游产品运营转变。通过运营前置思考，谋求差异化发展，在旅游公路的规划建设阶段打破常规公路的印象，更注重观光价值和体验感及带来的运营附加值，推动旅游公路的功能向旅游复合体转变。

从传统的建管养方式过渡到定市场、明运营、要效益为先导，建管养运为手段的旅游公路运作方式。深度研究市场需求，精准定位目标群体，有针对性地进行产品定位和推广；从传统侧重于建管养的单一管理模式转向以运营为核心的全流程管理，通过有效的市场营销、品牌塑造、服务质量提升等手段，激活旅游公路的商业价值和社会效益。通过旅游公路的衍生产品，创新旅游产品形式等方式，实现旅游公路的自我造血及可持续发展。形成旅游公路品牌，实现品牌赋能旅游公路的管理和养护，通过品牌附加值形成的效益对旅游公路的发展形成反哺效应。

（二）坚持旅游公路建运并重、管养结合，激活长效管理内动力

旅游公路坚持建运并重、管养结合，加大改革力度，创新管养机制，努力破解养护和运营管理难题。

一是创新"建管养运一体化"模式。对部分新建旅游公路，将建设、管理、养护、运营统一"打包"给旅游公路平台公司，明确

建设期、养护期、运营期，确保在不大修年限内，加强路产和旅游产品运营的增收，政府与企业按比例分配运营所得的收入与节约的养护资金。这一模式能够从源头上调动企业的积极性，最大限度地保障旅游公路的建设、养护质量。

二是实行政府购买服务。注重"让专业的人干专业的事"，坚持"政府主导、市场化运作"。政府单位负责制定相应标准、要求和监督考核，检查考核结果与养护费用挂钩。

三是建立长效管理机制。搭建旅游公路平台公司，可尝试建立整条路、路段、设施点3级有效运管机制，明确旅游公路建、管、养、运和路域环境整治的第一利益责任人，及时协调解决相关问题。市（县）公路局或交通局、文化和旅游局构成的交旅融合联合工作组，定期联合办公，对公路与旅游融合发展过程中存在的突出问题进行对接和解决。建立评价和激励机制，推动公共治理体系运行，通过定期对旅游公路的建设、管理、养护和运营效果进行评价，及时发现问题和不足，为建立长效管理机制提供依据。同时，对表现突出的个人和团队给予表彰和奖励，激发各方参与的积极性和创造力。

（三）探索旅游公路建管养运全过程的公共治理体系

旅游公路建管养运过程中涉及政府、企业、智库、社区居民、游客等各方利益相关体，其都发挥着不同的职能作用，当前旅游公路建管养运全过程主要涉及3种类型体系：与区域开发相应的分工合作型体系、与目的地配套的统筹协作型体系、与园区发展相应的整合发展型体系。协调处理好旅游公路利益相关者在不同体系中的职能侧重，发挥好互补优势，让旅游公路的利益相关体都享受到旅游公路带来的利益和成就，从而实现旅游公路建管养运的良性循环。

六、做好旅游公路发展关键要素保障工作

（一）创新融资模式

坚持政策创新，探索多元化可持续的投融资模式，是交通强国建设试点任务的重要内容。近年来，旅游公路围绕发挥市场在资源配置中的决定性作用，探索深化交通领域投融资体制改革，逐步形成政府主导、分级负责、多元筹资的投融资机制。未来旅游公路基础设施投融资模式将持续创新，体现在：

1.旅游公路与高速公路打捆招商

按照"效益搭配、规模适度"的原则，合理搭配项目资源，将资金筹措困难的旅游公路与财务收益可观的高速公路打捆招商，按照公共私营合作制（PPP模式）面向社会公开招标，由社会投资人一并建设。

2.旅游公路与能源产业融合发展

充分利用风光水多能互补优势，推动能源企业参与交通上下游产业链，探索"旅游公路+光伏""旅游公路+风电"等多种新能源基础设施联合建设投资模式，缓解旅游公路相关设施用电困难的问题，同时积极开拓能源开发利用的空间。

3. 旅游公路与沿线旅游资源综合开发

依托旅游公路沿线富集的文旅资源、优越的生态环境优势，鼓励政府通过特许经营权协议授权投资方进行公路项目的投融资、设计建造、经营维护，同时政府以对项目投资进行补偿的方式给投资方提供旅游、土地等资源进行建设和经营，吸引更多的民间资本参与项目。

4. 旅游公路与矿产地材等产业开发打捆招商

充分利用旅游公路建设产生的丰富砂石、洞渣等资源，以及沿线的矿产资源，与资金筹措困难的旅游公路项目进行打捆，使地方政府以矿产地材资源反哺区域建设，为项目投资方实现总体成本可控、利润回流提供保障。

（二）灵活土地供给

旅游公路及配套服务设施用地报批工作是旅游公路项目建设的重要组成部分，是推动"绿色公路建设"的关键，随着新《土地管理法》的实施和"三调"成果的启用，在国家严守生态保护红线、永久基本农田、城镇开发边界 3 条控制线的背景下，土地管控的政策趋严趋紧。旅游公路建设有必要打通机动建设用地指标落地路径，突破土地立项审批制度，建立用地供应、监管、评估、收回等机制，增强旅游公路及配套服务设施用地指标的灵活性，将旅游公路的位置、线路及配套服务设施等纳入国土空间规划"一张图"。

灵活土地供给可采用以下方式，一是利用乡镇、村庄规划中预留一定比例建设用地机动指标。二是用好农村土地综合整治，通过推进农村"田、水、路、林、村"等综合整治来改善用地条件、盘活存量用地。三是制定土地复合利用政策，要正视沿线土地利用功能的复合性，试点在规模可控、明确建造标准及使用用途、加强监管的前提下，允许在非耕农用地范围内，配套一些临时性或不破坏耕作层且不影响种植的设施。四是引导与周边村镇、景区景点合作开发，鼓励项目利用存量闲置设施发展餐饮、住宿等经营性项目，允许闲置设施变更用途、改造升级，建立与周边村镇、景区景点合作投资、合理分配的联营机制。

（三）提供人才支撑

旅游公路建设涉及建设、管理、养护、运营，形成一个完整的周期，随着旅游公路向着高质量方向发展，要求政府及项目公司相关工作人员具备较高的、更为专业化的知识素养和实际操作技能，需要专业复合型人才支撑。除相关部门通过专业人才招聘和引进之外，旅游公路建设人才支撑应该做好以下几点：

一是建立联合培养人才机制。依托高校、科研机构、文旅公司联合建立人才培养机制。

二是搭建专业学习平台。与旅游公路运作相对成熟的城市搭建对口交流平台，通过线上与线下相结合的方式，进行项目实施的经验交流与学习。

三是建立岗位竞争的激励体制。鼓励相关工作人员对专业技能的主动学习，增强实务技能，提高专业化水平，对管理及技术能力突出者给予奖励。

第五章

典型经验与案例分析

本章节旨在通过综述旅游公路的典型经验与案例分析，探讨其成功要素与未来发展趋势。这些典型经验对未来旅游公路的发展具有深远作用，不仅促进了交通与旅游的深度融合，还通过科学的规划、先进的施工、精细的管理、鲜明的品牌打造和灵活的体制机制，为旅游公路的高质量发展提供了可借鉴的模板，有助于推动旅游公路在促进地方经济、提升游客体验、保护生态环境等方面发挥更大作用。

一、规划设计方面

（一）制定省市级交旅融合相关规划

1. 山西省

规划名称：《山西省黄河、长城、太行三个一号旅游公路规划纲要（2018—2025年）》。

规划定位：支撑和引导黄河、长城、太行山"三大板块"旅游公路高质量发展。

规划策略：一是联通黄河、长城、太行三大旅游板块，构筑快旅慢游网络；二是串联三大板块重要景区景点，提升公路旅游服务水平，推进服务质量提升；三是打通"文化复兴路""遗产活化路""绿色生态路""产业振兴路"，重振文明文化、活化历史遗产、保护资源生态，推动全省经济转型发展。

规划内容：

（1）路网结构。以全省旅游资源分布及发展现状为依据，紧扣三大板块旅游发展目标，发挥太原—晋中旅游发展基础优势，补齐黄河、长城、太行板块旅游短板，形成"1核1环7射"内联外环的总体路网结构。

（2）规划线网。3个一号旅游公路规划线网方案由3条旅游公路主线、389条旅游公路支线、361条旅游公路连接线构成，共计13024公里，构筑起全省三大板块"内联网、外循环"慢游网络，形成展示壮美山西的"万里山河路"，与高速公路、国省干线共同形成"城景通、景景通"的快旅慢游体系。

（3）服务设施。结合当地自然环境、景区（点）分布、村镇规划等因素，对驿站、营地、观景区、绿道、信息标牌等服务设施进行统一规划和布局。

2. 山东省

规划名称：《山东省旅游交通网主骨架布局规划（2023—2030年）》。

规划定位：山东省第一部旅游交通专项布局规划。

规划内容：

（1）构建五大旅游交通廊道主骨架。构建串联长城、大运河、黄河国家文化公园（山东段）及黄渤海、沂蒙革命老区的旅游交通网主骨架。

（2）对"快进慢游"做出系统安排。依托高速铁路、城际铁路、机场、高等级公路等构建"快进"通道，连接文旅资源富集区和重要交通枢纽，提高旅游目的地的通达性和便捷性。以普通国省干线、农村公路为主体构建"慢游"风景道，结合沿线景观风貌和旅游资源，打造具有通达、游憩、体验、运动、健身、文化、教育等复合功能的主题线路。规划形成东部"千里滨海"、西部"鲁风运河"、南部"红色沂蒙"、北部"黄河入海"、中部"长城寻迹"五大主题廊道，整体构成全省"东西南北中、一环游山东"旅游风景道总体布局。

（3）完善旅游公路四大支撑体系。具体包括：配套旅游服务设施体系、建设特色标识引导体系、打造智能信息服务体系、完善相关技术标准体系。

3. 河南省

规划名称：《河南省旅游公路网规划（2022—2030年）》。

规划定位：完善旅游公路网络布局，构建覆盖全省的"快进慢游深体验"旅游公路网，有力支撑"行走河南·读懂中国"文旅品牌建设。

规划内容：

（1）完善旅游公路网络布局。全省旅游公路网分为主线、支线、联络线3个层次。主线服务高热度旅游区（点）集聚区间以及其与全省主要旅游城市、旅游板块的快速联系，以高速公路为主，承担"快进"功能；支线主要服务高热度旅游区（点）集聚区间便捷直连以及其与主线的快速联系，以普通干线公路为主，承担"集散"功能；联络线主要服务景区与支线的便捷联系，以普通公路为主，承担"慢游"功能。

（2）打造旅游公路品牌体系。结合四大国家文化公园建设和河南省旅游资源分布情况，挖掘文化底蕴、提升主题品质、树立精品意识，加快打造"行走河南·读懂中国"一号旅游公路品牌体系。依托旅游资源多、聚集程度高、发展潜力大的"一河三山"四大板块，重点塑造"黄河古都、太行天路、生态伏牛、红色大别"四大一号旅游公路品牌。

（3）制定十百千万创建目标。创建10个以上旅游公路示范县，建成100个以上功能完备、智能便捷的游客驿站，推出1000公里以上全国知名的"公路旅游"特色路，构筑10000公里以上"通景、链景、融景"的旅游公路网。

4. 市级层面

规划名称：《环武夷山国家公园保护发展带交旅融合发展规划》。

规划定位：充分对接福建省旅游公路发展规划，提出"双环呼应双遗、多支串联文旅资源"的旅游公路总体布局方案，为全面支撑环带交旅融合发展、全面构建以武夷山"双世遗"为龙头的环武夷山旅游格局、全面振兴环武夷山国家公园乡村、全面提升武夷山国家公园为主体的自然保护地体系建设提供了总体方向指引。

规划内容：聚焦"旅游发展模式转变、交旅融合品牌打造、路衍产业可持续发展、交旅融合要素保障"等四大方向，制定了构建旅游交通网络、推动快进系统、构建慢游网络、打造特色风景道线路、建设集散服务节点、完善运输服务体系、谋划品牌创建、衍生交旅产品、促进乡村振兴发展等九大重点建设任务及实施方案。

（二）在前期阶段进行总体策划

深入分析国家及地方层面制定的旅游公路发展规划和政策，包括综合立体交通网规划、旅游业发展规划等，从中梳理出核心理念和遵循的基本准则。对旅游公路沿线的旅游资源进行详细调查，包括自然景观、文化遗产、民俗风情等，了解这些资源的特色和开发潜力，为旅游公路的规划和建设提供基础数据。

分析现有的交通网络状况，评估旅游公路在现有交通网络中的位置和作用。研究旅游市场的需求特点，包括游客的出行方式、旅游偏好、消费能力等，预测旅游公路建设对旅游市场的潜在影响。考虑旅游公路建设对环境和生态的影响，确保旅游公路的建设与自然环境和生态系统的保护相协调。

案例名称：黑龙江醉美龙江 G331 旅游公路规划。

案例类型：旅游公路。

案例概况：醉美龙江 331 旅游路所在区域贯穿我国领土的最北端和最东端，与俄罗斯隔江相望，具有良好的地缘优势，是我国沟通俄罗斯的窗口和阵地，是"一路一带"战略"中俄蒙经济走廊"的组成部分，是我国东北亚地区最具发展潜力的地区之一。国道G331抚远至东宁段沿乌苏里江与黑龙江交汇处溯流向上，串联界江、界湖、界岛、国家公园等丰富的自然景观和遗址遗迹、历史建筑、民族风情等人文景观，旅游资源丰富多样。通过综合交通网络连通国际性交通枢纽城市哈尔滨，未来该国道将成为外接俄罗斯、内联国内腹地的沿边重要交通纽带。

醉美龙江331旅游路沿线地区旅游资源丰富，界江、界湖、界岛、森林、草原、湿地、山地、野生生物等自然景观以及沿岸的古建筑、遗址遗迹、历史文化和民族风情等人文景观共同构成了旅游发展的基础。

主要做法：

G331边防路交旅融合以交通和旅游设施融合、服务融合、信息融合为导向，串珠成链、辐射到面，打造出一个旅游资源得天独厚、旅游产品丰富多元、旅游服务体贴便捷的世界级旅游目的地。

1. 强化立体互联交通体系

本项目通过G331主线升级改造，实现全线升级为二级及以上公路，提升通行能力和服务水平，畅通旅游"快进"通道，同时夯实G331边防公路巩固国防安全的重要作用。通过连接线建设，实现国道G331与区域内14处铁路站点、11处规划通用机场、7处已建及规划运输机场、9处码头的连接，强化国道G331在沿边综合立体交通网中的"龙骨"作用；此外，中俄开放窗口地带交通基础设施的提档升级，也可助推全方位对外开放新格局的构建。

2. 打造品牌化旅游目的地

整合沿线碎片化旅游资源，"串珠成链"打造全新旅游目的地。通过G331主线和连接线，串联3A级及以上景区、旅游产业项目50处，实现G331主线至4A级景区通二级及以上公路、至3A级景区通三级及以上公路。打造"快进慢游"、深度体验的沿边界江旅游产业带，整合形成规模化、特色化、品牌化的"醉美龙江331边防路"旅游目的地。同时做好与吉林省东北边境风景道、内蒙古自治区G331旅游公路的衔接，利用G331贯通5省（区、市）的地缘优势，形成贯穿我国东北方边境、和谐统一而又各具特色的旅游廊道。

3. 构建特色服务设施及智慧化服务平台

醉美龙江331通过公益性服务区、停车区和经营性旅游综合体、自驾车营地、驿站的交错布置，形成多点支撑、功能互补、满足不同人群个性需求的旅游服务网络。实现平均每50公里一处具备加油、如厕和停车休息功能的基础服务设施，形成类型丰富、特色鲜明、规模合理的旅游服务体系和可测可控可服务的智能化公路服务平台。沿线布置慢行系统，加强旅游服务设施与景区景点连通，同时带动区域旅游产业升级，促进城镇基础服务设施完善，提供更多就业机会和发展机遇，实现"富民惠边"。

4. 打造精品主题游线实现原生态最大化保护

根据游客的出行安排，打造中俄边境风情游、历史民俗记忆游等多条微假期主题线路和猎奇寻北自驾游、暑期亲子研学游等 4 个精品小长假旅游产品，开展夜游黑龙江、一江两岸双边游和大美界江自驾游，充分发挥边境旅游资源优势。

G331 旅游公路沿线自然资源完美地保存了原生态，是珍贵稀缺的处女地，在打造特色旅游产品的同时，践行绿色发展理念，特别注重对生态环境资源的保护。该线路终点有 73 公里穿越东北虎豹国家公园，通过监测数据分析动物活动轨迹。在国内首次开展东北虎豹通行廊道专项设计，改善了旅游公路对动物活动的阻隔，实现了人与自然的和谐共生。

（三）合理确定旅游公路功能定位与特色主题

需考虑旅游公路所服务的交通需求，包括游客的出行需求、当地居民的出行需求以及旅游集散需求。根据不同的需求，强化交通与旅游的协同联动，构建便捷、舒适的旅游交通网络，确定旅游公路的主要功能，如连接主要景点、促进区域发展等。

梳理项目沿线历史文化、民族文化、旅游资源等，提取具有旅游吸引力的典型元素，以"公路＋旅游"为核心、以典型元素为修饰，提炼出项目交旅融合建设的主题形象。

案例名称：祁婺高速龙腾服务区。

案例类型：旅游服务区。

案例概况：祁婺高速龙腾服务区位于婺源县城和婺源旅游北线的主要景区之间，总用地规模 220 亩地。服务区选址用地为半岛滨水地块，紧邻清华水，周边以水田、茶园、山林、河流景观为主。沿线具有优美的自然山水景观，森林覆盖度超过80%，是集停车、休闲、餐饮、购物、加油加气、充电及住宿于一体的多功能服务区。该服务区以打造国内一流赣皖知名门户形象、一体化交通体系、智能交通创新基地，以生态绿色服务区、节能环保为导向，建设环境优美、功能齐全的综合性服务区。

主要做法：

1. 旅游交通需求

作为德上高速（G0321）祁婺段的重要节点，龙腾服务区位于婺源县思口镇，项目连通江西与安徽两省之间，承担大量的南北向交通流量。婺源县是国内著名的旅游目的地，拥有丰富的自然景观和人文历史，注定了龙腾服务区不仅是一个简单的交通停靠点，更是集高速公路综合服务区、旅游集散中心和徽派文化展示于一体的园中园式交旅融合型开放式服务区。在交通区位上具有重要的旅游集散功能，能够吸引大量游客前来观光游览，并为其提供便捷的旅游服务。

2. 服务区功能定位

根据祁婺高速的《交通量分析及预测》报告，预测龙腾服务区的日均人流量在2.8万~4.2万人之间。龙腾服务区以"徽派文化展示为特征的开放式旅游型服务区"为定位，围绕服务区"通行服务+旅游服务"的复合功能，形成"一体三区"的布局，即徽派商业综合体、人性化基础服务区、醉美婺源体验区、滨水景观休闲区。不仅为游客提供基本的停车、加油、充电等通行服务，还设有餐饮、购物、住宿等休闲设施，满足司乘人员的多样化需求。

3. 贴合区域旅游特色

龙腾服务区最邻近的景区是思溪延村，其次是西冲、瑶湾景区、清华镇——彩虹桥景区，再是篁村景区和理坑景区。沿线自然景观主要以江西丰富的山地梯田景观、赣派建筑群马头墙景观、古村落客栈、梯田油菜花、篁岑、青石板古道、古桥等独特地域风光为主。考虑以上资源的特色元素，将其融入服务区的规划设计中。

4. 形成服务区特色主题

龙腾服务区位于小型"半岛"上，其场地面积大，周边自然、山水环境优越，其自然环境、场地条件超越了国内绝大部分高速公路服务区，以水陆并进的思路，结合周边旅游资源，将思溪、延村、西冲景区—龙腾服务区—彩虹桥景区建设为连片化、特色化、差异化的"快进慢游联结部"综合示范窗口，将"婺源徽剧""婺源三雕"等特色文化融入其中；以"无梦徽州、世外龙腾"为旅游主题，展示徽派文化，推动"服务区＋旅游"的高质量发展。

（四）因地制宜设置旅游公路服务设施

对项目沿线进行旅游资源分析，建立本项目旅游资源评价指标体系进行科学评价。选取到达半径、人类活动半径和观海距离3个指标，通过GIS进行游客活动倾向分析，叠加形成旅游公路服务设施的初步选址。根据现场调研和工程经验，结合观景视角、周边环境状况、设计路基状况等，对初步叠加选址方案优化调整。

对项目城市、交通、旅游等规划以及本项目工可报告等资料数据进行研究分析，结合现场调研情况，预测特征年项目初步选址的旅游公路服务设施节点断面交通量、车型占比、游客量、断面流量，服务设施游客来源包括公路本身的客流量和建成后从周边区域吸引的客流量，因此规模预测应以公路游客量和区域游客量为基础进行计算。以旅游公路服务设施选址分析和规模测算为基础进行服务设施方案的设计。

案例名称： *海南省文昌市环岛旅游公路。*

案例类型： *旅游公路。*

案例概况： 海南环岛旅游公路文昌段起点位于文昌市铺前镇云楼西，终点止于文昌与琼海市界，线路共计穿越文昌市8个镇级行政单位，主线路全长160.5公里，连接文昌市主要滨海旅游资源，是海南环岛旅游公路的重要组成部分。

本项目处于交旅工可和设计阶段，旅游公路服务设施与项目主线有效结合，与碧水蓝天、海湾礁石、白沙河谷、椰林倒影、静谧渔村等自然人文环境充分融合，展示沿线奇观风采，补足服务功能短板，避让生态敏感空间。

主要做法：

1. 服务设施选址分析

基于初步规划路线分析，项目沿线涉及的旅游资源包括2处五级资源、9处四级资源和24处三级资源。分析路线到旅游资源的到达半径、人类活动半径、观海距离，形成叠加方案，作为海南环岛旅游公路文昌段服务设施的初步选址依据。结合服务设施的设计要点和现状情况，优化服务设施选址布局。

2. 服务设施规模测算

根据对文昌市上位规划以及本项目工可报告等资料数据的研究分析，结合现场调研情况，预测至2039年特征年本项目初步选址的旅游公路服务设施（海岸灯塔、风车掠影、航天椰梦）平均游客量、断面流量、车型占比。

根据公式计算公路游客量和区域游客量预测值的加和，得出服务设施未来特征年总游客量。服务设施未来特征年总游客量预测数据为基础，根据业态、功能、游客捕获率范围和人均用地范围，计算所需的用地面积范围，结合服务设施工程用地指标情况计算得出最终规模。

3. 服务设施方案设计

围绕本项目"海天一色，秀色连珠"的设计主题，利用"借景""修景""造景""遮蔽"等园林手法，"重点突出，主次分明"地进行旅游公路服务设施的特色绿化景观营造。

（1）停车区。

停车区内以基础服务+旅游服务功能为主，海岸灯塔停车区结合场地布设自行车租赁驿站，与潮滩掠影观景台的自行车租赁驿站共同组成自行车租赁系统（图5-1）。

图 5-1 海岸灯塔停车区方案效果图

（2）观景台。

观景台依路侧港湾式停车带布设，场地内部的铺地、台阶、基础等采用钢结构、塑木类对环境影响较小的材料，不做混凝土桩基，降低对海域环境的影响（图 5-2）。

图 5-2

图 5-2 风车 1 号观景台方案效果图

（3）慢行道。

骑行道与主线并线设置，中间设绿化隔离带；慢行步道与主线分离设置，考虑在 200 米海岸线范围内，为减少环境影响设置 1 米宽，中途不做休憩小广场（图 5-3）。

图 5-3 慢行道方案效果图

（4）标识牌。

导览标识牌设置于沿线停车区、观景台等人流量较大的地方，结合文昌特色文化——椰树，设计特色图案，材质主要采用不锈钢面板加花岗岩底座（图5-4）。

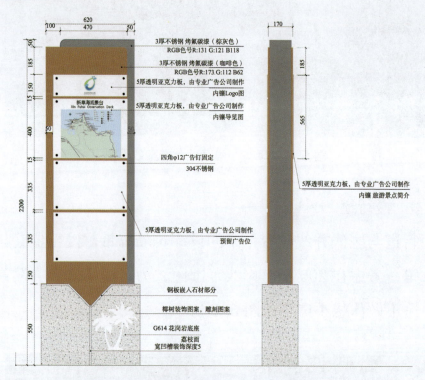

图5-4　导览标牌样式（尺寸单位：mm）

二、实施建设方面

在旅游公路建设实践中，各地区均形成一系列具有示范意义的典型经验和案例。这些经验和案例，对于促进旅游公路建设的健康稳定发展、提高旅游服务品质、推动地区经济社会全面进步，具有极其重要的指导意义和战略价值。

（一）遵循保护优先，坚持改善并重，注重绿色施工

1. 保护优先

在进行施工活动之前，务必先行全面考量对环境可能产生的影响，竭尽所能降低或规避对环境的损害。在施工过程中，需严格采用环保建材及环保技术，采取有力措施，切实减少污染物排放，进一步降低对环境的影响，从而切实保护周边生态环境的稳定。

2. 改善并重

改善环境是建设过程中的重要任务。在施工过程中，需要采取一系列措施来改善环境，减少建设对环境造成的破坏。

3. 绿色施工

在建设过程中，优先选择可再生、可回收或无污染的材料，避免使用对环境有害的材料。同时，还需采用先进的施工技术和设备，提高施工效率，减少能源消耗和排放。

案例名称：重庆冷水服务区。

案例类型：旅游公路（服务区）。

案例概况：项目位于重庆市石柱县，是重庆东大门、沪蓉高速从湖北入渝的门户，基地海拔约 1400 米。冷水服务区北侧选址位于高速公路建设阶段已有的 237 亩弃土场（含服务区部分范围），用地呈中间高、四周低的地形分布。项目基地对外有村道连接至黄水景区，南北两侧服务区之间有下穿涵洞连接。北侧服务区结合弃土场用地设置了自驾营地，营地所处的石柱县地处位于北纬 30 度，海拔适宜，空气清新，物产丰富，境内森林草场众多，旅游资源丰

富,是全国知名的康养休闲生态旅游目的地。其周边分布黄水国家森林公园、千野草场、西沱古镇、悦崃土家山寨、万寿寨等景区,旅游资源富集。

主要做法:建设过程中践行生态理念,通过低成本、多元化手法在高速公路弃土场基础上进行生态修复,提升场地生态效益。同时,打造重庆高山旅游露营基地,结合冷水服务区资源,拓展其综合服务和度假休闲露营功能,将"弃土场"转变为有影响力的生态露营地(图5-5)。

图 5-5 重庆冷水服务区生态营地照片及效果图

（1）冷水服务区生态旅游自驾营地以先行者的身份拉开了全国"服务区＋旅游"新模式的序幕。

（2）冷水服务区设置两条 ETC 通道，串联周边景区，并探索建设重庆市中小学生社会实践基地，为交旅深度融合发展探路（图 5-6）。

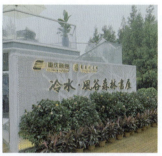

图 5-6　重庆冷水服务区森林书屋建成照片

（二）强调动态设计与施工密切结合

在建设过程中，动态设计与施工的密切结合已成为确保项目成功实施的关键。这种结合不仅涉及设计和施工过程中的技术细节，更关乎整个项目的进度、成本和质量。

案例名称：湖北省宜昌市 G348 三峡公路。

案例类型：旅游公路（观景台）。

案例概况：G348 三峡公路起于宜昌城区，止于三峡坝区，全长 39.6 公里。工程投资 3.87 亿元，于 2020 年 10 月启动建设，2022 年 10 月全线贯通。项目串联起葛洲坝、三游洞、三峡人家、三峡大坝等多个景点，是独具三峡特色的旅游廊道，是依托国道实现"交旅学"深度融合的创新之举,是"美丽宜道"品牌公路建设的再升级(图5-7)。

主要做法:在项目实施过程中,参建各方将公路建设与生态环保、自然风景、地质科普和特色旅游有机结合,反复强调动态设计,并通过动态设计与施工的密切结合,大大提高了项目的整体效率和效益。

图5-7 湖北省宜昌市G348三峡公路观景台照片

（1）设计团队与施工现场保持密切沟通，进行实地考察并与施工人员交流，准确了解实际情况后调整设计方案，确保设计与施工需求一致。此举减少了设计变更带来的额外成本和时间延误。

（2）施工团队根据最新的设计方案和技术要求及时调整施工计划和方法，保障质量和进度。遇到实际问题及时反馈给设计团队，以便能够第一时间做出优化调整，力争打造出精品。

（三）以简为美，大大降低建设与管养成本

坚持以省钱为核心，采用低价草本植物和简洁的建设方式，节约建设和养护的成本。

案例名称： 浙江省台州极简农村路。

案例类型： 旅游公路（农村公路）。

案例概况： 项目位于临海小芝镇境内的千古崇文环线，全长35.7公里，全线均为沥青混凝土路面，由大路线、小杜线等多条农村路组成，沿线串联起胜坑古村落、小芝红树林、桃江十三渚等多个风景名胜区（图5-8）。

主要做法：

1. 秉承"省钱建美丽公路，用心比用钱更重要"的理念

让公路还原自然美、生态美和人文美。坚持公路与地方文化、党建、管养等内容结合，形成特有的公路文化品牌。注重"可持续、可复制、精细化"，打造"看得美、养得起、留得住、管得牢"的美丽公路。

图 5-8　浙江省台州极简农村路建成照片

2. 践行"极简公路"建设理念

大规模地将路边的灌木改成草坪，结合两边稻田的自然景色，提升视觉效果；融合当地传统，增设文化墙、景观篱笆等设施，在保证公路整洁美观度的同时，大大降低养护成本。

（四）因地制宜，顺势而为，有效利用沿线资源

1. 充分利用地形地貌

工程建设过程中应充分尊重和利用地形地貌特点，如山地、河流、湖泊等，避免大规模的土地改造和填挖，以降低对原有地形地

貌的破坏。

2. 融合路外自然风景

将道路与周边的自然风景相结合，贯彻"将道路轻轻放入自然"理念，打造与大自然和谐的道路景观，让道路成为风景的一部分。

3. 加强服务设施建设

设置停车区、观景台、驿站等，方便游客停车欣赏山峦、溪流和植被。利用植被、地形、文化等元素，坚持"以人为本"理念，打造融入环境的人性化服务设施，让游客在旅途中享受便捷舒适的服务体验。

案例名称：贵州省天空之桥观光服务区。

案例类型：旅游公路（服务区）。

案例概况："天空之桥"观光服务区项目总占地141.62亩、总建筑面积16397.62平方米。设计依托临崖看桥的独特地理位置，利用山体开挖留下的弃土坑和周边山地景观，按照贵州Ⅰ类服务区标准打造首个"桥旅融合"+"山地旅游"服务区，将桥梁、峡谷、山地、星空等多种元素巧妙融合，集餐饮、购物、娱乐于一体，探索旅游目的地式服务区的建设模式（图5-9）。

主要做法：

（1）设计注重因地制宜，拓展服务区服务功能及业态。

景观设计依托地形地貌设置入口景观区、综合服务区、儿童娱乐区、房车、营地区、生态停车区、天空之桥观景区、集散广场区、文化展示区、山地拓展区等，将桥梁、峡谷、山地、星空多种元素融合其中,丰富了旅游体验。

(2)保护生态环境,融合自然景观及桥梁景观。

建设过程中,根据现场观景视线优化场地布局,设置了临崖观景台和酒店,增加游客山地登高步道,确保不同高度的观桥、瞰谷、听风等最佳游览效果。同时,优化植物景观设计,保护现有山地植被,修复破损场地,打造舒适宜人的休闲环境。

图5-9 贵州"天空之桥"观光服务区建成照片

案例名称: 山东威海市滨海旅游公路九龙湾至西霞口段示范工程。

案例类型: 旅游公路。

案例概况: 威海市滨海旅游公路九龙湾至西霞口段示范工程是威海千里山海自驾旅游公路的核心路段,全长63公里(其中主线

45公里,辅线18公里),康体慢行系统33.8公里。整条路按照"威海特色、山东引领、中国一流"的标准,全景式打造主体工程、支线连接、景观步道、房车营地、休闲驿区等,设置"山村闻海""新城海韵""碧海金沙""松林观海""海角祈福"5个主题景观段,建立道路主体、安全防护、信息标识、自驾服务、康体慢行、环保景观六大支撑系统,全线以"蓝色"为基调、"绿色"为点缀,将自然环境与人文景观通过色彩学方法有机结合,构建出系统、优美、和谐、特色鲜明的旅游景观公路。

主要做法:

(1)明确特色滨海景观大道目标,建立示范工程标准。

该项目旨在建设特色海滨景观大道,工程总体结构为"一轴、三区、五主题段、六支撑系统",将增强旅游公路的安全性、景观品质、路域环境和旅游功能,为游客提供清晰、及时、个性化服务,满足信息时代出行需求(图5-10)。

图5-10 山东威海市滨海旅游公路九龙湾至西霞口段路侧绿化照片

（2）强化沿线服务设施建设。

建设过程中整体以"百里示范、千里提升"为目标，将以高标准、高品质的要求建设主体工程、支线连接、景观步道、绿化美化、休憩小品、房车营地等，全景化打造旅游示范公路，并成为交通与旅游融合发展的样板工程（图5-11）。

图 5-11 山东威海市滨海旅游公路九龙湾至西霞口段服务设施照片

（五）融合创新，积极推进周边产业联动发展

注重可持续发展，坚持资源集约节约，优先采用废弃、环保建设材料，除美化环境外，还为人们提供休闲、娱乐、运动等多样化的功能，促进地方产业发展。

案例名称：重庆万盛丛林互通至黑山八角公路。

案例类型：旅游公路。

案例概况：丛黑路为丛林互通至黑山八角公路，起于南万高速公路丛林互通，止于黑山八角游客接待中心，路线全长15.681公里，串联丛林镇、万东镇和黑山镇，连接一大批旅游景点、人文遗址。

主要做法：

1. 注重可持续性，坚持资源集约节约

项目建设过程中始终秉承绿色发展理念，坚持协调性、经济性、环保性、功能性和安全性五大原则，利用废旧集装箱打造环境友好、资源节约的特色服务区，依山而设的倚望台、绿水营地、芦苇台等增强服务区停车、休憩、观景等功能（图5-12）。

图5-12 重庆万盛丛林互通至黑山八角公路建成照片

2. 以路带产，促进乡村经济提升

丛黑路的建设主动融入沿线乡镇开发，带动地方支农产业发展，推动乡村旅游景点开发和旅游商品发展，涌现了一批乡村旅游产业民宿、农家乐，培育了一批知名的观光农庄和乡村酒店，提升了丛林镇村民的收入。自通车以来，丛林镇在2018年住宿和餐饮业的收入为3991万元，同比增加5.8%；2019年农村经济总收入完成7.42亿元，增长7.5%；农村常住居民人均可支配收入完成14394元，增长8%。

总结来说，旅游公路建设的成功离不开建设管理、动态设计、因地制宜、生态优先、品质建设等典型经验的指导。同时，结合具体案例进行分析和总结，可以为旅游公路的可持续发展提供有益的借鉴和启示。未来，我们需要在实践中不断探索和创新，推动旅游公路建设迈上新的台阶。

三、运营管理方面

旅游公路的运营管理是一项综合性任务，涉及道路维护、交通管理、旅游服务等多方面。成功的旅游公路运营管理不仅能够保障道路的安全畅通，还能提升旅游体验，促进地方经济发展。

（一）搭建智慧公路数字化管理平台

构建一个统一、高效的数字化管理平台，涵盖监测、调度、管控、应急、养护、服务等内容，深化大数据应用，实现视频监控集成管理、事件自动识别、智能监测与预警等功能，以满足游客多元

化、高品质的旅游需求。具体分为以下 3 个方面：

（1）交通智控系统：通过智能交通系统、交通监控等技术手段，实现对旅游公路交通状况的实时监控和调度，确保道路状况良好，包括路面的平整度、标线的清晰度、交通设施的完整度，确保道路畅通和安全。

（2）服务信息系统：运用大数据、物联网等先进技术，集成旅游公路沿线服务设施信息，如实时路况、景点详情和旅游指南等。同时，整合停车场、加油站、休息区及商超餐饮等商户资源，通过统一平台为游客提供便捷的一站式服务，游客可在此平台轻松查询各类设施的位置、价格及服务内容，并享受预约、支付等便捷服务。

（3）经营数据系统：通过整合酒店、餐饮、购物等经营数据，构建全面分析系统，利用数据挖掘和人工智能技术深度剖析市场趋势和消费者行为。基于这些数据洞察，制定精准营销策略，优化产品组合与定价，提升经营效益。此外，经营数据系统集成有助于实现成本控制、风险管理和运营效率提升。

（二）强化产业联动，激活旅游生态链

交通路网建设往往优先考虑周边地区的旅游资源和产业资源，将其串联以激活沿线产业链。尤其大部分自然旅游资源通常集中在周边乡村。随着近年来作为文旅消费主体的城镇居民越来越追求"返璞归真"，这一趋势使得城镇发展的红利可以向乡村延伸。

以休息承载区为中转点盘活路域资源。休息承载区有效地衔接了交通、旅游和特色产业。通过建设农家乐、采摘园、特色美食、

露营地等业态，游客能方便地接触本地特色产品，感受当地自然资源，深度融入当地百姓的生活环境之中。做强特色品牌，也有助于招商引资，构筑产业资源的新优势。

（三）丰富旅游公路经营业态，尝试多模式运营

旅游公路作为连接旅游景点与游客的重要纽带，其多样化经营管理对于提升旅游体验、促进地方旅游业发展具有重要意义。

在旅游公路的运营过程中，明确自营业态与非自营业态的界限至关重要。自营业态主要包括由运营方直接经营和管理的设施与服务，既可以为运营方创造经济效益，又可以保证服务质量，提升游客体验，如自营商超、餐厅、小吃等。非自营业态包括沿线商户、合作伙伴等提供的服务，运营方需建立合作机制，对其进行规范与监督，确保服务品质与旅游公路的整体形象相符。

（四）注重文化挖掘，助力产业发展

在旅游公路的维护和运营过程中，注重文化挖掘与产业发展是至关重要的。文化挖掘不仅有助于提升旅游公路的文化内涵和特色，还能为产业发展提供源源不断的动力。

（1）深入挖掘沿线文化资源：要对旅游公路沿线的文化资源进行全面、深入的挖掘。这包括历史遗迹、民俗风情、传统工艺、地方特色等诸多方面。通过走访当地居民、查阅历史文献、考察文化遗址等方式，获取丰富的文化信息，为产业发展提供素材和灵感。

（2）打造特色文化品牌：基于挖掘到的文化资源，打造具有地方特色的文化品牌。这些品牌可以包括文化节庆活动、特色旅游

产品、文化创意产品等。通过品牌化运营，提升旅游公路的知名度和影响力，吸引更多游客前来体验。

（五）健全管理制度体系，强化道路生态维护

为确保旅游公路的高效运营，应建立并完善一系列管理制度。这包括道路维护制度、交通管理制度、应急响应制度等。通过定期巡查、维护保养，确保道路状况良好；通过优化交通组织、疏导交通流量，保障道路畅通；通过制定应急预案、组织演练，提高应对突发事件的能力。同时，加强员工培训和管理，确保各项制度得到有效执行。明确绿化植被恢复的标准和流程，强化绿化工作的执行力度。

道路维护是旅游公路运营管理的核心内容之一。应定期对路面进行清扫、修补和养护，确保路面平整、无坑洼、无积水。同时，加强路肩、边坡等附属设施的维护，确保其完整、美观。此外，生态维护同样重要。在旅游公路沿线，应保护生态环境，防止水土流失和环境污染；通过种植绿植、设置生态屏障等措施，美化道路环境，提升游客的旅游体验；建立生态环境监测体系，对沿线生态环境进行实时监测和评估，及时发现并解决问题，确保自然风貌的完整性和可持续性。

（六）数据驱动，提升运营效益

通过收集、整理和分析旅游公路的运营数据，深刻把握公路的运营状态，为决策提供有力支撑。这不仅有助于优化资源配置，还能显著提升运营效率，进而实现经济效益的稳步增长。

（1）精准监测车辆数据。关注旅游公路的交通流量、车辆类型、

游客停留时长、消费状况以及满意度等核心数据，以全面把握旅游公路的运营状况，为优化服务和提升经济效益提供有力支撑。

（2）高度重视数据保护，防止数据泄漏。利用先进的技术手段并建立完善的数据安全管理制度，以确保运营数据的安全存储和传输。同时，加强员工的数据安全意识培训，防范人为因素导致的数据泄漏风险。

（3）重视数据资产入表。企业应完善数据分类、分级与管理制度，打通业务数据流通壁垒，实现数据资源的有效整合与利用。同时，需明确数据资产的持有权、使用权和经营权，确保各方权益得到保障。此外，企业需充分挖掘和利用数据资产的价值，共创合作共赢新局面，为企业创新发展增添全新动力。

案例名称：云南省昆明市嵩昆高速公路。

案例类型：旅游公路（服务区）。

案例概况：嵩昆高速公路，作为云南省内连接嵩明县与昆明市的关键高速公路通道，全长达51.55公里，沿线布局了大板桥服务区和杨林停车区，为过往司乘人员提供便利。该高速公路由中交资产管理有限公司云南区域管理总部负责运营，依托其强大的中交高速公路智慧运营综合管理平台，实现了从土建养护到经营管理的全方位、线上智能化管理，确保了高速公路运营的高效与顺畅。

主要做法：

（1）打造大板桥服务区引领服务新风尚：大板桥服务区作为嵩昆高速公路的"网红"地标，凭借非洲风情设计深度融合交通与旅游元素，构建了集休憩、娱乐、文化交流于一体的多元化服务平台。服务区内设有自营品牌"路游憩"商超、房车营地等设施，满足旅客多元化需求，同时促进区域旅游业态丰富，提升服务质量，并带动企业营收增长，实现经济与社会效益双赢（图5-13）。

图5-13　大板桥服务区实景图

（2）搭建数字化管理平台，打造智慧出行新体验：嵩昆高速公路致力于构建智慧交通生态系统，通过打造智慧运营综合管理平台、商业管理系统以及路游憩自驾出行服务小程序，全面运用5G、AI、大数据等前沿技术，实现公路运营管理的智能化、精准化（图5-14）。

图5-14　智慧化管理系统平台

（3）打造"路小二"服务品牌为美好出行保驾护航：嵩昆高速公路创新推出"路小二"服务品牌，组建专业技能强、服务意识优的救援保障队，秉承"安全至上，美好出行"宗旨，优化流程，提速响应，为司乘人员提供全方位、高水平的安全与出行服务，充分展现出提升服务品质的坚定决心与责任担当（图5-15）。

图5-15 中交"路小二"救援现场实拍

（4）重视数据驱动提升运营效益：中交资管云南区域管理总部将数据视为核心资产，2024年7月，作为高速公路经营领域的先驱，成功完成数据挂牌交易，率先实现数据资产价值变现的突破。此举彰显了其在数据治理、价值挖掘及市场化运作的领先地位，推动了数据资产的资本化运作与增值，为行业树立了典范，激发了数据价值量化的新探索（图5-16）。

嵩昆高速公路及大板桥服务区的成功运营，不仅展现了现代交通与旅游融合发展的新趋势，也为区域及行业发展树立了典范标杆，为推动交通强国建设贡献了重要力量。

图 5-16　数据资产上市证书

四、品牌打造方面

通过旅游公路品牌打造，丰富旅游业态，增强旅游体验，提升区域品牌价值，提高市场竞争力和可持续发展能力。

（一）提炼自然与文化元素

旅游公路除了具备优美的自然景观外，通常还承载着丰富的地域文化和深厚的历史背景。为了强化品牌的独特性和吸引力，应当深入挖掘这些文化特色，提炼自然与文化元素，并将其巧妙地融入品牌叙事之中。具体应该抓好两个域（即场域空间设计、地域文化植入）与两个道（即通达条件梳理与玩法之道）之间的关联性表达。

案例名称：甘肃省酒泉市"交响丝路 1 号线"旅游公路。

案例类型：旅游公路品牌。

案例概况：大敦煌文化旅游经济圈"交响丝路 1 号线"交旅融合项目，是甘肃公交建集团依托交通领域优势，瞄准酒泉地区独有的文化旅游资源，以地企合作为纽带谋划实施的首个交旅融合项目，同时也是甘肃省首个"交通＋旅游"示范项目（图 5-17）。该项目以"211"为总体架构,即"两点、一线、一环"。其中,"两点"指的是悬泉置和锁阳城两处世界文化遗产,"一线"为榆林窟至悬泉置的旅游公路,"一环"则代表瓜州至敦煌的旅游环线。项目旨在通过构建两个交旅融合开发项目与一条旅游交通专线,将悬泉置、锁阳城两大世界文化遗产以及国家级文物景区榆林窟有机串联,形成敦煌东部旅游小环线。同时,通过辐射带动嘉峪关、瓜州等周边多层次的旅游资源,塑造大敦煌文化旅游经济圈东部景群,与莫高窟、月牙泉等西部核心景区相互呼应,共同构筑敦煌旅游大环线。

图5-17 "交响丝路1号线"旅游公路

主要做法:利用文化旅游资源品牌优势,借力打力,提升交通品牌价值。敦煌地区旅游资源禀赋好、知名度高,以此为背书确定

"公路＋路衍"战略。榆悬路旅游专线以悬泉置、榆林窟两大世界文化遗产为起止点，串联一处沙漠绿洲、一处沙漠峡谷、一处荒漠戈壁自然景观，全长74公里。项目建设后，莫高窟至榆林窟的通行距离由原来的170公里缩减至120公里，时间由3小时缩减到1.5小时，打通大敦煌文化旅游经济圈西部核心景区与东线景群的交通瓶颈，大幅提升榆林窟游客的通达性和服务能力。

携手地方政府共同打造项目品牌，构建联盟伙伴关系，协同推进品牌建设及市场营销活动。具体实施为通过"资源换资金"补足项目资金缺口，与酒泉市、瓜州县、敦煌市对接沟通，最终按照"公益性项目、市场化运作"的理念，将双塔至石包城旅游公路（一期）与柳园黑山口玄武岩矿产资源、榆林窟至悬泉置旅游公路与锁阳城和悬泉置经营权捆绑开发，形成了较为成熟的"资源换资金"融资模式。

借助地域与企业之间合作，促进交通与旅游产业的深度融合，为项目提供了丰富的资源保障，进而扩大了项目的影响力及受众群体。在项目建设过程中，充分发挥地方资源优势和企业资金优势。企业通过建设旅游公路、高速公路开口子、升级改造服务区；地方政府通过供给土地、出让遗址景区经营权等方式，建立了优势互补合作机制，促进了悬泉置遗址景区融合开发，解决了嘉峪关、敦煌景区游客进入悬泉置、榆林窟、锁阳城景区交通"最后1公里"的问题，从整体上推动了大敦煌文化旅游经济圈的快速形成。

（二）设计形象主题与 Logo

创建一个鲜明且易于辨识的品牌标志（Logo）仅仅是第一步，若要构建一个深入人心的品牌 IP 符号，则需通过打造品牌故事与文化来吸引客群的注意：创造一个引人入胜的品牌故事，让消费者了解品牌的起源、价值观和使命；培育一种独特的品牌文化，使消费者感受到品牌背后的深层含义。同时，辅以设计一系列与品牌相匹配的视觉元素，在 Logo 设计中融入地域元素，如地方标志性建筑、动植物形象等，能够增强 Logo 的地域特色和辨识度。

案例名称：山东省威海市"威海千里山海自驾"旅游公路。

案例类型：旅游公路品牌。

案例概况：威海千里山海自驾旅游公路是依托威海市三面环海的近千公里海岸线和西部沿昆嵛山、大乳山等山景线构成的独特自然景观，打造的中国第一条标准化自驾旅游公路、第一条全域旅游创建示范路、第一条全要素集聚融合发展示范公路，总长度1001公里，其中主线长501公里，支线长500公里，覆盖全市90%以上的旅游资源。沿线设有4个滑雪场、9处天然温泉、11个国家级海洋牧场和50家A级旅游景区，带动域内百余个田园综合体、休闲采摘园、农家乐、渔家乐的发展以及80个乡村振兴样板片区和百个产业基地的建设。"威海千里山海自驾"旅游公路视觉系统标准与 Logo 如图5-18所示。

主要做法：在品牌推广上，通过为自驾路量身定制一句广告语、一个 Logo、一组歌曲、一部宣传片、一本自驾游护照，构筑起自驾路的品牌形象体系；通过打造"爱在威海"四季文旅品牌产品，推出 20 条精品线路和 100 个打卡点，形成自驾路品牌产品体系。在精准营销上，实施征集、发布、启动、推广四大环节"引爆"行动，推出千里山海自驾旅游季、威海寻鲜游、房车露营游、千里海岸重机摩旅节、寻找"最美打卡地"等 200 余项节庆活动，实现持续不断的宣传热度。

a) 视觉系统标准

b) Logo

图 5-18 "威海千里山海自驾"旅游公路视觉系统标准与 Logo

（三）搭建文化 IP 体系

1. 构建品牌故事

讲述一个引人入胜的品牌故事，让游客在体验公路旅游的同时，也能感受到品牌的魅力和价值观。品牌故事围绕地域的历史文化、公路的建设史、沿途的风景、当地的人文等展开，让游客在旅行中收获更多美好的回忆。

2. 提供独特的旅游体验

设计一系列独特的公路旅游产品，如主题自驾线路、特色住宿体验、当地美食推荐等，以满足游客多样化需求。通过不断优化产品体验，确保游客在旅行过程中能够充分感受到品牌的特色和价值。

案例名称：丝路国际自驾廊道。

案例类型：旅游公路品牌。

案例概况：丝路国际自驾廊道项目以G30高速公路为主轴，服务区作为关键节点，覆盖周边200~300公里区域，构建从中国长安（西安）到意大利罗马的国际自驾出行服务体系。项目秉承"DSSC"理念，即深度挖掘美食（Delicacy）、美景（Scenery）、美物（Specialty）与地域文化（Culture），将沿线服务区与城市、集镇、景区等紧密连接，推动交通与旅游领域的深度融合，促进沿线联盟城市间的资源共享和品牌共创。通过全线构建"6+1"模式，即江苏、安徽、河南、陕西、甘肃、新疆与丝绸之路（G30）六省（区、市）联席会议秘书处，共同构建以丝路历史文化为主线，串联沿线各省的本地文化旅游资源，形成多方联动的发展模式，扩大品牌的传播与影响力（图5-19）。

主要做法：品牌IP体系构建。通过构建1个一级品牌+6个二级子品牌的品牌开发体系，将各省子品牌与主线IP体系进行深度链接，形成具有各省地域文化特色的公路旅游 IP 形象，构建 IP 品牌矩阵。

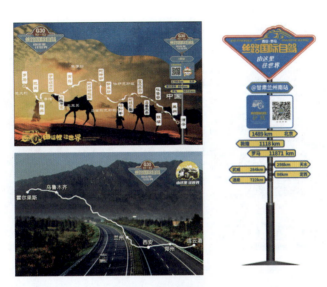

图 5-19　丝路国际自驾线路示意图及打卡杆

品牌故事和传播。以丝绸之路丰富的历史文化积淀和广泛的国际影响力为基石，着重凸显丝路国际自驾廊道在推进"一带一路"倡议中的独特作用。将文旅 IP 转化为消费热点，依托 G30 高速公路主干线，围绕丝路文化主线，整合当地风物、景观休憩、文化体验、美食荟萃等多元化体验场景（图 5-20）。

体验设计和服务提升。依托 G30 沿线各省核心服务区节点，构建形象地标展示、房车露营休憩、文化互动体验、自驾服务保障、主题景观导流五大空间模块。在着力打造丝路国际自驾交旅融合公共文化品牌的同时，构建公路旅游产品供给体系与业态开发模式，为地区社会经济发展注入新动能与新活力，使其成为"讲述当代丝路故事,树立丝路品牌"的关键展示平台,从而建立良好的口碑和用户体验,增强品牌的认知度和忠诚度(图5-21)。

图 5-20　丝路国际自驾文创武威店

图 5-21　丝路国际自驾发车台

(四)宣传推广与品牌营销

文旅新质生产力要求对文旅生产力和传播力进行重整和重塑。传统的传播方式已逐渐显露出其局限性,因此,急需采用新的、更具创意和影响力的传播手段。例如,采用新媒体技术,通过多元化平台将文旅信息传递给更广泛的受众;借助故事化手法,使文旅资源更加生动、有趣，更具吸引力；运用虚拟现实（VR）、增强现实（AR）等先进技术，为游客带来全新的旅游体验；与其他产业的深度合作，如电影、音乐、游戏等，共同构建文旅品牌的多元化生态，进一步推动文旅产业的繁荣与发展。

案例名称：吉林省沿边开放旅游大通道。

案例类型：旅游公路品牌。

案例概况：G331国道吉林省段全长1437公里，沿着边境线九曲十八弯，串起长白山、鸭绿江和图们江以及通化、白山、延边等多个县市，被自驾游发烧友称为"最美国道"，也是"吉林省沿边开放旅游大通道"。这条边境公路以丰富的区域自然资源、众多边合区、优良生态环境等潜能优势，聚人气，兴产业，推动旅游经济、特色种养、产品加工等乡村产业蓬勃发展。

项目以国道G331吉林段为交通主线，覆盖主线两侧各20公里的旅游廊道，充分发挥出交通的先导性和通达性作用，从吉林旅游交通网络规划、全省汽车营地发展建设规划、交旅融合基础设施建设和全方位旅游服务体系构建等多层面进行立体开发，打造一条畅通畅行畅游畅享的千里自驾经典线路，铺就一条国内外知名的文旅融合的自驾风情廊道。

主要做法：目标定位与特色突出。该项目遵循"世界顶级规划设计、一流品质精细打造、依托人文生态同步推进、交通先导四季皆宜"的原则，和"统一规划、统一建设、统一招商"的方针，构建多种业态组合的旅游交通体系。在组织体系方面，构建了包括空间结构体系、交旅融合服务体系、跨境旅游组织体系、快进保障体系、文化融入体系、产业孵化体系在内的完整框架，这是与其他旅游路线的区别和亮点。

将公路旅游品牌与文化旅游资源深度绑定，形成路、景、产、文融合平台，丰富公路旅游产品要素，提升品牌知名度。通过提升改造公路，建设配套服务设施，设计多种循环线路（大循环线路25条，小循环线路10条，微循环线路17条，共串联景区、乡村、农场、码头、停车区等约130余处），整合碎片资源，形成若干循环旅游网，将国道G331建设成一条畅行通达、保障到位、"大珠小珠落玉盘"的千里画廊，以满足不同游客的需求，极大提升了游客的满意度和口碑传播效果（图5-22）。

图5-22　G331旅游公路吉林段线路图

五、体制机制方面

（一）自上而下的全面统筹——山西省旅游公路建设案例

一是加强组织领导。省委、省政府把交通强国建设交旅融合试点任务列入"十四五"重大改革事项，把3个一号旅游公路列为全省重点工程建设任务，纳入重大专项抓落实机制和各市年度目标责任考核。省级层面成立了由分管副省长任组长、省直有关部门为成员的工作领导小组，统筹组织、协调、推进旅游公路建设相关工作；建立了"省级指导、市级统筹、县为主体"的建设体制和"政府主导、交通协调、部门协作"的工作机制。2018年以来，省政府连续6年每年组织召开一次现场推进会，一年1个发展主题和1个示范标杆，以点带面推动全省旅游公路发展水平一年一个新台阶、一年一个新高度。

二是创新投融资方式。省财政厅、省交通运输厅出台了3个一号旅游公路建设资金管理办法，区分项目特点、技术标准等给予资金补助，并采取省代市县发债的方式支持市县筹资。仅此两项，解决项目建设资金58%。市级财政补助10%，剩余32%的建设资金由县区视地方财力采取政府财政投入、市场化运作等方式筹措。晋城市将"百村百院"旅游项目建设与旅游公路驿站建设结合起来，整合各类农投资金建立"资金池"，实行企业投资、村民入股、政府补贴的运作模式，有效破解了旅游公路服务设施资金难题。

三是健全制度标准。建立了涵盖公路设计、施工、管理全过程的 3 个 "一" 制度体系，即 "一项地方标准"——旅游公路主体、慢行、服务、景观和信息系统设计技术指南；"一个政府规章"——《山西省旅游公路管理办法》；"一套管理制度"——《旅游公路建设管理办法》《旅游公路标志标识信息系统设计方案》《旅游公路设计咨询办法》等，对统一标准、规范管理、优化设计、保证质量发挥了重要作用。

四是加强监督管理。坚持从源头抓质量，对 3 个一号旅游公路建设项目实行了全过程的设计监督，将路线方案不合理、设计深度不足、绿色环保防护不够、投资损失浪费等问题和缺陷解决在事前。同时，注重强化过程监管，建立了由厅领导包市督导工作机制，采取 "一月一排队，一月一通报" 方式推进工程建设，并依托 11 个市公路分局 111 个公路段技术人员成立专项督导组，对全省农村公路建设资金落实、建设进度、工程质量、安全环保等进行督导巡查，确保工程质量和施工安全。数据显示，2022 年旅游公路工程总合格率为 97.7%，质量控制总体良好。

五是坚持建养并重。树牢 "建设是发展、养护管理也是发展" 的理念，将旅游公路纳入农村公路管理养护范围，从 2021 年起全省公共财政每年投入农村公路日常养护资金 7.18 亿元（县道 10000 元 / 公里、乡道 6000 元 / 公里、村道 4000 元 / 公里），平均每县 624 万元，对旅游公路实行群专结合的养护模式。制定了旅游公路管理省级政府规章，即《山西省旅游公路管理办法》，对已建成通车的旅游公路，从严落实禁止三轴以上货车和化学品运输车辆通行等要求，与公安交警部门加大联合执法力度，打击超限超载等各类违法行为，保证旅游公路的专用性以及安全性。搭建了山西省农村公路综合信息服务云平台，对建成旅游公路实现动态网格化管理。依托农村公路"路长制"组织体系，对旅游公路实施全覆盖管理，形成"政府主导、分级负责、部门联动、运转高效"的工作格局。

六是注重融合发展。在路游融合方面，加强旅游公路与现代农业、乡村旅游、特色资源等产业融合发展，结合旅游资源分布和交通量需求，在旅游公路沿线完善慢行道、驿站、营地、观景区，布局建设沿线充电基础设施，依托沿线乡村打造了一批兼具停车、休息、购物等服务功能的特色驿站。在运游融合方面，按照零距离换乘的要求，加强与铁路、公路客运站、机场等综合客运枢纽的衔接，在全省范围内依托汽车客运站设立旅游集散中心、旅游直通车，有效完善区域间、市域间、城乡间的高效互通。晋城市实现"一元公交"全市域内直通景区、景点全覆盖，11个市均引进"神州""一嗨"等汽车租赁企业，开展"落地租车、异地还车"服务，较好地满足了游客的个性化需求。开通了偏关老牛湾、碛口古镇、平遥古城、壶口瀑布、平顺通天峡等景区的低空游览项目，更好地满足了游客对高层次服务的需求。在数游融合方面，大力推进"大数据+旅游交通"融合发展，按照"全覆盖"要求在旅游公路沿线布设5G基站，启动了太行一号晋中环城绿道、平定段和黄河一号河津段、万荣段智慧型示范段建设，聚合连接公路沿线吃、住、行、游、购、娱等目的地旅游动态资讯和线下服务资源，为游客提供"便捷畅通"的智慧出行体验。

七是坚持绿色发展。在设计环节上，注意将公路沿线生态环境保护作为设计咨询审查的重点，督促指导建设单位和设计单位合理选线，因地制宜确定公路技术等级和标准。在施工过程中，最大限度利用现有公路资源，最大程度减少耕地占用和生态破坏，注重推广运用绿色节能技术，实现旅游公路与自然环境和谐共生。

八是加强示范带动和宣传推介。在示范带动方面，以点带面，整体推进，先后选树了太行一号旅游公路陵川段、平定段，长城一号旅游公路天镇段、偏关段，黄河一号旅游公路河津段，晋中环城绿道等示范段，选树了交旅融合发展晋城示范区，带动3个一号旅游公路建设在群众的生动实践中不断深化，建设内涵不断丰富，跨界融合不断拓展，建设成效不断显现。在宣传推介方面，联合宣传、文旅、商务、体育等部门加大宣传推介力度，通过组织开展体育赛事、房车游、音乐节、摄影赛、视频赛等系列活动，充分运用"网、微、屏、端"等新兴宣传方式，全面提升3个一号旅游公路的知名度、美誉度和影响力。

（二）省级立法规范旅游公路管理——海南省旅游公路案例

旅游公路建设是贯彻落实新发展理念、加快海南国际旅游消费中心建设的重要抓手。海南省委省政府高度重视旅游公路建设，要求高标准定位、高水平谋划，把旅游公路打造成旅游增量吸引物和贯彻新发展理念的展示窗口。

近年来，海南省已建成万宁石梅湾至大花角、文昌"两桥一路"、琼海港下至潭门、昌江棋子湾、琼中黎母山、陵水吊罗山等旅游公路，环岛旅游公路即将建成通车，环热带雨林国家公园旅游公路加快建设，初步形成约2000公里旅游公路体系，有力促进了全域旅游发展，取得了良好的社会效益和经济效益。

旅游公路除了具有基本的交通属性外，还具有独特的旅游属性和优质的服务属性，在管理、养护、运营等方面较普通公路有着更高的要求。为了加强旅游公路的规划、建设、管理、养护、运营，明确责任划分，建立健全工作机制，促进交通、旅游等融合发展，保障旅游公路良性运营。2023年，结合海南省旅游公路发展实际，海南省人民政府印发《海南省旅游公路管理暂行办法》（简称《办法》），紧扣规划、建设、管理、养护、运营等方面制定42条具体举措，明确责任划分，建立健全工作机制，系统指导和规范旅游公路发展，保障旅游公路良性运营，促进旅游公路对沿线经济社会发展的带动作用。

《办法》共分7章42条，按照海南省旅游公路的发展定位和目标，在已有法律法规的基础上，提高了对旅游公路规划、建设、管理等的定位和要求，提出了旅游公路的定义：经规划批准为旅游公路，具有良好交通功能、独特旅游功能和优质服务功能的公路。《办法》在规划建设和治理体系等方面强化了部门联动，突出了旅游配套服务设施，明确了建筑控制区的范围，加强了路域环境和景观风貌的管控要求，针对旅游公路的旅游属性，提出了标识系统、品牌标志、里程传递标志等要素的建设要求，并提出旅游开发、群众参与、服务监督、旅游交通等交旅融合的运营管理要求。主要内容如下：

第一章总则。一是规定了《办法》制定的目的和依据。二是规定了适用范围，适用于旅游公路的规划、建设、管理、养护、运营等活动。三是对旅游公路进行定义。四是对旅游公路的行政等级对应情况进行了规定，明确旅游公路按照其在全省公路路网中对应的行政等级进行建设、养护和管理。按照整体性原则，明确串联多条不同行政等级公路或暂未确定行政等级的旅游公路，按不低于县道等级进行建设、养护和管理；考虑环岛旅游公路和环热带雨林国家公园旅游公路主线，利用路段既有高速公路，又有国道、省道、县道、乡道等不同行政等级，为加强统筹管理，规定两条旅游公路主线路段按不低于省道标准进行养护和管理；旅游公路城市建成区内的路段由所在市（县）按照城市道路进行建设、养护、管理；旅游公路与其他公路共线的，共线段的管理和养护工作由旅游公路的相应主体实施（高速公路除外），但路产路权不发生变化。五是明确了交通运输、综合执法、公安等部门的职责划分，旅游公路建设和养护资金来源，以及鼓励社会参与和相关权利义务等内容。

第二章旅游公路规划。一是规定了旅游公路规划职责，全省规划由省人民政府交通运输主管部门会同各市、县和相关部门编制。二是明确了规划原则，要与其他规划相衔接协同，注重生态环境保护和绿色低碳，注重联通和发掘旅游资源，注重乡村振兴。三是规划新建村镇、开发区、厂矿、学校和货物集散地、大型商业网点、农贸市场等公共场所，其靠近旅游公路侧的边界与旅游公路用地外缘的垂直距离应当符合《办法》第三条明确的旅游公路行政等级对应要求。

第三章旅游公路建设。主要规定了基本建设程序、标准要求、建设统筹、智慧旅游公路建设等。

第四章旅游公路管理。规定了旅游公路管理职责、建筑控制区、路域环境、标志标识、禁止行为、交通安全、赔偿补偿、应急管理等内容。其中：一是明确县级以上人民政府应当按照《办法》第三条明确的旅游公路行政等级对应要求，划定从旅游公路用地外缘起向外范围内的建筑控制区。建筑控制区内除公路保护需要外，禁止新建、扩建建筑物和地面构筑物，"五网"基础设施和旅游服务设施建设需经批准，且相关管沟和缆线设施应当采用入地方式建设。二是明确了加强路域环境管理的内容和县级以上人民政府的责任。三是对标识系统做了专门的要求，旅游公路应当构建完善的标识引导体系，在通往旅游公路的国省干线和客运场站设置指示标识，使旅游公路与周边路网有效协同，并具有明显的可识别性。鼓励设计旅游公路品牌标志，并设置在公路明显位置。环岛旅游公路和环热带雨林国家公园旅游公路应分别设置连贯全线的里程传递标志。四是强化交通安全管理。县级以上人民政府应当加强对旅游公路沿线人民群众的交通安全和文明出行教育。县级以上人民政府公安交通管理部门应当完善旅游公路交通管理设施，合理设置交通信号、车辆运行监控、交通违法取证等交通管理设施；各级综合行政执法部门和公安机关交通管理部门应当按照职责分工及时查处影响公路交通安全的违法行为。五是提出限速管理的原则，要综合考虑交通安全、路网协调和驾乘体验，合理设置旅游公路限速值。六是应急管理方面，规定县级以上人民政府应当将旅游公路应急管理纳入政府应急管理体系，制定突发事件应急预案和救援方案，组织交通运输、公安、气象、医疗、旅游、消防救援等部门建立突发事件应急响应、处置、救援等工作机制。

第五章旅游公路养护。明确鼓励采用市场化方式选取旅游公路养护作业单位，推进旅游公路养护机械化、专业化、规范化，提高养护效益，并规定了旅游公路的养护目标、养护巡查、养护作业等内容。

第六章旅游公路运营。一是旅游属性方面，明确县级以上人民政府应当将旅游公路纳入旅游发展规划，引导和规范旅游公路沿线旅游资源开发，积极发展旅游新业态，鼓励发展旅游精品，培育旅游品牌。鼓励跨区域旅游线路和产品开发。县级以上人民政府旅游主管部门应当统筹规划旅游公路沿线旅游产品的类别和驿站的经营业态，促进差异化定位，提高旅游业态的丰富性和供给品质。二是促进乡村振兴方面，县级以上人民政府应当引导和规范旅游公路沿线群众依托旅游公路开展经营行为，促进沿线群众在路衍经济产业中就业。三是服务监督方面，县级以上人民政府旅游主管部门应当将旅游公路及沿线旅游景区和驿站纳入旅游管理范畴，加强服务质量监督，定期组织开展服务质量考评。鼓励旅游公路沿线旅游经营单位制定服务标准，建立服务公约，促进规范化发展。四是社会管理方面，县级以上人民政府有关行政主管部门按职责分工对旅游公路及沿线驿站、景区景点的消防、食品安全、环境保护、价格等进行监督管理。要将旅游公路及沿线驿站、景区景点纳入环卫管理范畴。旅游公路驿站、能源补给站和养护工区按照规定提供免费如厕、停车和饮用水等服务。五是旅游交通方面，县级以上人民政府交通运输主管部门应当加强旅游公路及沿线景点景区的公共客运保障，逐步实现客运、公交、旅游专线全覆盖。鼓励在旅游公路沿线布局汽车租赁和交通工具共享业务。六是信息化方面，对其建设和服务进行了明确。

第七章附则。对涉及旅游公路的违法行为的查处进行了法律指引，对《办法》部分用语作出解释，并规定施行时间。

（三）管理的渐进式发展机制——河北张家口"草原天路"案例

2023年10月，文化和旅游部、交通运输部、国家铁路局、中国民用航空局、国家邮政局、国铁集团联合印发了《关于公布第一批交通运输与旅游融合发展典型案例的通知》，10个十佳案例、36个典型案例新鲜出炉。其中，由河北省文化和旅游厅推荐、张家口市张北县交通运输局申报的草原天路入选首批交通运输与旅游融合发展典型案例。草原天路位于张家口市北部，地处内蒙古高原和华北平原的接合处、阴山山脉和燕山山脉交汇处。因公路蜿蜒曲折、沿线景观奇峻，行走其上就像漫步云端，故名草原天路。近年来，张北县下大力提升草原天路旅游品质和交通出游体验，大胆创新旅游交通投融资模式、智慧化草原天路管理模式和旅游交通建设。分期分段实施了安全防护、大中修养护等一系列工程,打通多条断头路,建成连接7个乡镇的51条草原天路连接线,在缓解主线交通压力的同时,有效将游客引入纵深腹地游览。随着草原天路旅游品牌日益响亮,全国各地的游客纷至沓来。据统计,草原天路张北段年均接待游客约300万人次、车辆约86万辆次,旅游旺季每日接待自驾游车辆达6000多辆次。通过旅游资源整合,实施项目带动、景村共建、就业扶持"三大计划",草原天路充分释放旅游红利,覆盖沿线124个村庄,受益人口达9.9万人,年人均增收1.1万元。在2019年交通运输部组织的全国"十大最美农村路"评选中,张北草原天路被评为"2019年度我家门口那条路——最有诗意的路"。为不断推进交通运输与旅游融合发展,张家口市打破区域壁垒,将张北、崇礼、万全、沽源、尚义5个县区的26个乡镇170多个村作为一个整体统筹规划,让草原天路在打造全域旅游金字招牌、助力京张体育文化旅游带建设和后奥运经济发展中发挥越来越大的作用。

河北张家口草原天路是被民间人士发现并传播的一个典型案例。政府面对大量涌入的自驾游人流,首先采取了保护措施,发布《张家口市人民政府关于保护与开发草原天路的通告》,避免对沿线风景资源的过度开发和破坏,并很快采取地方立法方式,出台了《张家口市草原天路保护和管理办法》和《张家口草原天路总体旅游规划》。

2017年，张家口市政府新闻办、市旅游发展委员会联合发布《张家口市人民政府关于保护与开发草原天路的通告》（简称《通告》），旨在保护草原天路自然景观，有序开发利用草原天路沿线旅游资源。《通告》指出，张家口市按照"统一规划、保护优先、科学管理、有序开发"原则，制定6项具体措施，对草原天路沿线两侧5公里区域内的具有旅游开发利用价值的自然、人文等资源进行开发与保护。严格规划管理，草原天路的保护与开发要严格按照全市总体规划进行，相关县（区）应当依照通告要求依法开展管理工作；严禁违章建设，严禁在管控区域内私搭乱建、违法占地、非法建设、擅自改变土地使用性质和跑马圈地，严禁企业和个人自行设置标识标牌；有序合理开发，从事旅游资源开发的单位和个人，要制定旅游资源开发保护方案，并报送相关主管机关；全面排查综合治理，有关县（区）政府要组织相关部门对各类餐饮、娱乐、住宿等旅游经营单位的经营资质进行全面核查；倡导文明出行，自驾游客要做到"五个不"，不强行会车、超车，不乱扔垃圾，不踩踏植被，不野外烧烤，不随意野外宿营；交通管理措施，主管部门要根据草原天路的承载能力及进入车辆数量进行预判，适时对车辆采取限行和分流措施。

2019年，张家口市政府发布《张家口市草原天路保护和管理办法》，主要内容包括：草原天路发展控制区是指《张家口市草原天路总体旅游规划》设定的草原天路沿线两侧各500米范围内；市人民政府将草原天路的建设和发展纳入国民经济和社会发展规划，统筹草原天路的保护和管理工作；市文化广电和旅游部门是草原天路的主管部门，负责全市草原天路的保护和管理工作；市公安、财政、自然资源和规划、生态环境、住房和城乡建设、城管综合行政执法、交通运输、农业农村、林业和草原、市场监督管理、扶贫等相关部门，应当在各自职责范围内做好草原天路的保护和管理工作；县级人民政府是辖区草原天路保护和管理的责任主体；市、县级人民政府应当将草原天路保护和管理工作所需经费纳入本级财政预算；市人民政府建立草原天路联席会议制度，研究、决定草原天路保护和管理工作中的重大事项；草原天路主管部门应当会同相关县级人民政府建立交通流量的监控和预警机制；市人民政府建立草原天路保护和管理工作绩效考评办法，对相关县级人民政府、市直相关部门履职情况进行监督和考核。

2021年，张家口市文化广电和旅游局发布了《张家口草原天路总体旅游规划》（简称《规划》）。《规划》围绕"一个思想，一个目标，四大任务"有序展开，草原天路旅游发展以党的十九大精神为指导，坚持人与自然和谐共生，构筑尊崇自然、绿色发展的生态体系，实施乡村振兴战略，以服务张家口生态兴市、生态强市，全域建设首都水源涵养功能区和生态环境支撑区建设为战略目标，按照"找准问题—精准聚集—全域布局—实现路径"工作重点逐步推进。依托草原天路四县两区自然旅游资源、户外体育旅游资源和冰雪旅游资源基础优势，集聚发展，点轴带动，对接北京，草原天路旅游带发展总体布局为"一带两线八区四核多点"。其中，"一带"指的是东起沽源县,经崇礼区、张北县、万全区,西至尚义县的沿坝头一线南北各5千米的草原天路主景观视廊带。"两线"为张库大道风情线、冬奥风情线。"八区"包括湿地花海区、冰山河源区、草原牧歌区、林海云梯区、坝上田园区、塞外天关区、中国阶梯区、绿野青山区。"四核"为崇礼区11号村和张北县野狐岭主入口,尚义县城和沽源县长梁张次入口。"多点"涵盖崇礼区、张北县、万全区、尚义县、康保县、沽源县县城,以及特色小镇、特色旅游村等草原天路沿线多个重要景观节点。

参考文献

[1] 杨航卓,潘宇杰.旅游型服务区,怎么打造才"行"[J].中国公路 2019(10):76-78.

[2] 宋波.交旅融合视域下路、旅、产协同发展研究[J].运输经理世界,2023(20):166-168.

[3] 张育宏,李晓刚.关于交旅融合产品设计及投资模式研究[C]//中国公路学会.2019中国交通投融资年会暨首届上市公司峰会论文集.北京:中交公路规划设计院有限公司,2019:30-35.

[4] 吴沙沙,张军,魏琳,等.河南省国省干线公路建管养一体化模式研究[J].企业改革与管理,2021(1):210-212.

[5] 路梦西.旅游公路与公共治理[J].中国公路,2018(3):34-36.

[6] 宫连虎,余青.旅游交通研究现状与趋势分析[J].旅游论坛,2010,3(3):330-334.

[7] 高嘉蔚,刘杰,吴睿,等.我国交通与旅游融合发展政策研究与机制建议[J].经济与管理,2019(5):313-316.

[8] 陆炎和.交通旅游融合发展与PPP融资模式探讨[J].管理观察,2017(19):54-55.

[9] 邓玲.PPP模式的物有所值评估研究—以某非经营性道路PPP项目为例[J].项目技术管理,2017,15(2):34-39.

[10] 陈天小.国内旅游公路发展现状及对策研究[J].山东社会科学,2018(5):63-66.

[11] 李超.旅游公路发展的经济效益测算[J].旅游科学,2019,33(4):29-37.

[12] 易大卫,耿合仓.交旅融合背景下旅游公路的发展探究[J].旅游纵览,2020,22(3):27-29.

[13] 程逸楠,徐洪磊,刘杰,等.我国旅游风景道发展概况与对策建议[J]公路交通科技(应用技术版),2018,14(12):298-302.

[14] 李俊.国省干线公路养护管理中的问题及对策[J].江西建材,2013(5):2.

[15] 何进.旅游公路设计理念创新与实践初探[J].公路,2018,63(11):220-223.

[16] 朱志强.关于创新农村旅游公路项目PPP融资模式的探讨[C]//中国公路学会.2017年世界交通运输大会论文集.北京:中国科学技术出版社,2017:142.

[17] 王萌萌,孔亚平.基于旅游交通创新发展的旅游公路发展建设新理念及其实践[C]//中国公路学会.2017年世界交通运输大会论文集.北京:中国科学技术出版社,2017:125.

[18] 何静.PPP模式下非经营性公路工程项目建设管理机制研究[D].重庆:重庆交通大学,2023.

[19] 周洋,魏永平,丁品文.公路文化与旅游产亚融合的品牌设计与发展研究:以盐都区为例[C]//中国公路学会.第四届中国旅游交通大会论文集.[S.l.]:[s.n.],2020:123-130.

[20] 巫东浩.旅游公路的文化建设[J].城市问题,1988(4):54,56-61.

[21] 孟强,尚丽丽,杨丹蕾,等.我国旅游公路的发展现状及问题[J].中国公路,2020(1):51-54.

[22] 屈啸.国外旅游公路发展模式及启示[J].三峡大学学报(人文社会科学版),2014(S1):46-48.

[23] 任宁宁.全域旅游视角下独库公路旅游发展研究[J].江苏商论,2023(1):40-44.

[24] 任新平.新疆独库公路旅游空间布局规划研究[J].交通建设与管理,2021,19(3):74-75.

[25] 车裕斌.旅游目的地系统吸引力分析[J].咸宁师专学报,2001(6):8-12.

[26] 张丽娟.ABO模式在马桥公路项目中的应用研究[D].兰州:兰州理工大学,2021.

[27] 冯竞旻.PPP模式下贵州省正习公路项目社会资本投资的风险管理研究[D].雅安:四川农业大学,2018.

[28] 吴建忠,詹圣泽,陈继.PPP融资与运营模式创新研究——以荔榕高速"PPP+EPC+运营期政府补贴"模式为例[J].工业技术经济,2018,37(1):49-56.

[29] 王毅成.非营利性农村公路建设与管养问题研究——以中山市为例[D].广州:华南农业大学,2021.

[30] 郭睿.乡村公路建设对区域发展影响的研究——以兰州为例[D].兰州:兰州大学,2020.

[31] 张玉蓉,游宇阳,龚煜凯,等.公路旅游评价体系构建及发展策略研究[J].公路,2024,69(5):339-342.

[32] 田雨佳.基于旅游资源学视角的旅游公路网布局理论与方法研究[D].西安:长安大学,2012.

[33] 李磊.移动性视角下旅游风景道的具身体验、功能演进与形成机制[D].南京:南京师范大学,2023.

[34] 刘小珺.风景道游客感知价值对品牌依恋的影响研究[D].北京:北京交通大学,2020.

[35] 余青,魏余,王海凤.美国主题型风景道规划设计[M].北京:中国建筑工业出版社,2018.

[36] 齐君,李文慧.国际视野下的国家风景道体系建设:美国、德国和挪威的实践[J].中国园林,2023,39(10):124-129.

[37] 肖屺欣, 白钊成. 旅游公路的缘起、分类及研究热点 [J]. 保山学院学报,2023,42(1): 85-93.

[38] 丁华, 陈杏, 张运洋. 中国旅游公路概念、类型及其效应 [J]. 长安大学学报(自然资源版),2013,33(1):67-70.

[39] 何进. 旅游公路设计理念创新与实践初探 [J]. 公路,2018,63(11): 220-223.

[40] 余青, 戴鑫容. 中国风景道政策计量分析与量化评价——基于1992—2003年政策文本 [J]. 北京交通大学学报(社会科学版),2024,23(1): 155-168.

[41] 刘毅, 杨冬晓, 薛铸, 等. 旅游公路服务设施规模测算研究 [J]. 公路,2024,69(5):302-311.

[42] 赵丽丽, 张金山. 交旅融合发展的机理、领域及未来趋势 [J]. 中国公路,2021(5):54-56.

[43] 卢松. 旅游交通研究进展及启示 [J]. 热带地理,2009,29(4): 394-399.

[44] 董亚娟. 国外近30年旅游交通研究述评与展望 [J]. 社会科学家,2016,31(8):89-93.

[45] 黄柯, 祝建军, 蒲素. 我国旅游交通发展现状及研究述评 [J]. 人文地理,2007,22(1):23-27.

[46] 吴刚. 旅游交通研究的现状、趋势及其启示 [J]. 四川师范大学学报(社会科学版),2009,36(6):119-127.

[47] 王莹莹. 旅游交通规划成套技术探究 [J]. 中国交通观察,2022, 44 (1): 9-16.

[48] 关宏志, 任军, 刘兰辉. 旅游交通规划的基础框架 [J]. 北京规划建设,2001(6):32-35.

[49] 贺明光, 孙可朝, 刘振国. 旅游交通业态及发展趋势研究 [J]. 综合运输,2018,40(11):1-7.